W0310262

Simone und Anton Ochsenkühn

Auf dem Franziskusweg

Simone und Anton Ochsenkühn

Auf dem Franziskusweg

Eine Pilgerreise von Assisi nach Rom

HERDER

FREIBURG · BASEL · WIEN

Das vorliegende Buch basiert auf:
Simone und Anton Ochsenkühn
Leben atmen. Pilgern auf dem Franziskusweg
amac-Buch-Verlag GbR 2008

© Verlag Herder GmbH, Freiburg im Breisgau 2011
Alle Rechte vorbehalten
www.herder.de

Umschlaggestaltung: Weiß-Freiburg GmbH,
Graphik & Buchgestaltung
Umschlagfotos und Fotos im Innenteil:
© Simone und Anton Ochsenkühn
Satz: Arnold & Domnick, Leipzig
Herstellung: CPI Moravia Books, Pohorelice

Gedruckt auf umweltfreundlichem, chlorfrei gebleichtem Papier
Printed in Czech Republic

ISBN 978-3-451-33215-9

Inhalt

Inhalt

Vorwort

»Vergangenheit ist Geschichte,
Zukunft ist Geheimnis,
aber jeder Augenblick
ist ein Geschenk.«

Tibetisches Sprichwort

Erst während unserer Reise merkten wir, dass es doch ein hartes Stück Arbeit ist, 250 Kilometer in 15 Tagen zu »erwandern«. Aber es lohnt sich allemal, denn wir wanderten durch unglaublich herrliche Landschaften, erlebten interessante Menschen, genossen viele Begegnungen. Und vor allem: Wir fanden den Weg zu uns selbst.

Jeden Tag ungefähr 20 Kilometer zu gehen, hört sich zunächst nicht besonders anstrengend an und dennoch ist es äußerst mühevoll. Denn zum einen ist der von uns gewählte Monat August ein sehr heißer »Pilgermonat«. Das Thermometer kletterte in den Anfangstagen deutlich über 35 Grad, teilweise erreichte es die 45-Grad-Marke. Und die umbrischen Berge haben es auch in sich. So

mussten wir an manchen Tagen Aufstiege mit 1000 Höhenmetern bewältigen. Anschließend ging es wieder 1000 Höhenmeter bergab, zumeist ohne auf Menschen, sprich Dörfer oder Siedlungen, zu stoßen. So mussten wir die gesamte Flüssigkeit und den Nahrungsmittelvorrat mit uns tragen.
Zudem haben wir die Wanderung ohne einen Tag Pause bestritten. Jeden Morgen nach dem Frühstück hieß es, die Schuhe zu schnüren, den Rucksack zu packen, Verpflegung zu organisieren und sich auf den Weg zu machen.

So wurde diese Pilgerreise zur intensivsten Erfahrung unseres bisherigen Lebens. Dieses Buch soll unseren Weg dokumentieren, möchte unsere gesammelten Gedanken aufzeichnen und Ihnen, liebe Pilger und Wanderfreunde, die Möglichkeit geben, unseren Weg durch die wunderbare italienische Landschaft nachzuverfolgen – mit herrlichem Essen und mit vielen spirituellen Orten, Klöstern und Kirchen, deren Besuch sich auf jeden Fall lohnt. Wir haben versucht, die Wegbeschreibungen so genau und exakt als möglich zu erfassen, sodass ein »Nachwandern« ohne zusätzliches Kartenmaterial eigentlich denkbar sein sollte. Wir können jedoch keine 100-prozentige Garantie dafür übernehmen.

Die Tagesetappen sind durchschnittlich zwischen 15 und 25 Kilometer lang, also nach einer vernünftigen Vorbereitung und mit einer durchschnittlichen Kondition sicherlich machbar, auch wenn einzelne Tagesetappen an Ihren Kräften zehren werden.

Wir selbst sind den Weg gegangen, um unser Leben aus der wohl tiefsten gemeinsamen Krise zu führen. Der Alltag, die Regelmäßigkeit hat unsere Beziehung verschlissen. Daraus resultierte der gemeinsame Wunsch, Außerordentliches zu tun, um einen Neuanfang zu wagen.

Aber genug der Vorrede. Genießen Sie das Buch oder – noch besser – genießen Sie die Pilgerreise vom antiken Assisi bis in das zeitlos gewaltige Rom!

Simone und Anton Ochsenkühn

Die Vorbereitung

Simones Packzettel:

1 Paar Trekkingschuhe
1 Trekkinghose
2 Funktionshemden, kurzarm
1 kurze normale Hose
1 ärmelloses T-Shirt
2 Paar Trekkingsocken
1 Schirmmütze
1 Paar Sandalen
2 BHs
2 Funktionsunterhosen
2 Unterhosen
1 Jogginghose (nicht verwendet)
1 Paar normale Socken
1 Regenjacke
1 Bikini
1 Zahnbürste
1 Duschgel, mini
1 Nagelfeile
1 Linsenflüssigkeit
1 Linsenreiniger
1 Linsenbehälter
1 Brille
1 Sonnenbrille
2 Haargummis
1 Puderdose (nicht verwendet)
1 Wimperntusche (nicht verwendet)
1 Abdeckstift für Pickel (nicht verwendet)
Sagrotan-Desinfektionstücher
1 Schlafsack
2 Kugelschreiber
1 Büchlein zum Reinschreiben
1 iPod-Kopfhörer
1 iPhone (italienische PrePaid-Karte)
1 Führerschein

Tonis Packzettel:

1 Paar Trekkingschuhe
1 Zahnbürste
1 Trekkinghose
1 Duschgel, mini
1 Sonnenbrille
2 Unterhosen
1 Jogginghose
1 Joggingjacke (nicht verwendet)
2 Paar Trekkingsocken
1 Paar normale Socken
1 Trekkinghemd
1 normales Kurzarmhemd
1 kurze normale Hose
1 Badehose
1 Schirmmütze
1 Paar Sandalen
1 Büchlein zum Reinschreiben
1 Schlafsack (nicht verwendet)
1 iPhone (deutsche Karte)

Gemeinsamer Packzettel:

1 Lavendelöl
1 Hautcreme
1 Bürste
1 Nagelschere
1 Lippenbalsam
1 Sonnencreme
1 Packung Toilettenpapier feucht
1 Zahnpasta
1 Schachtel Aspirin
1 Pflaster (hurra, nicht verwendet)
1 Sprachführer Italien
2 Wanderbücher
1 Geldbeutel
2 Kreditkarten
Bargeld € 1000,–
1 Klappmesser
1 Korkenzieher / Flaschenöffner
1 Kaugummipackung Magnesium direkt

1 Objektiv
1 Kamera
1 Tasche für Kamera
1 MacBook Air
1 Schutzhülle MacBook Air
1 Stromadapter für Computer
1 Ladegerät Kamerabatterie
1 Übertragungskabel Kamera
1 Übertragungskabel iPhone
2 Kopflampen
1 Rain-Cover (nicht verwendet)
2 Stromadapter Italien
1 Kompass
1 Picknickdecke

Neben der körperlichen Fitness ist die Wahl des optimalen Rucksacks von entscheidender Bedeutung für den Spaßfaktor an der Wanderung. Wir – zwei Anfänger in Sachen Pilgerreisen – gingen sehr blauäugig zum Einkaufen, erfuhren aber, dass es sogar spezielle Damenrucksäcke mit schmaleren Schultergurten gibt, und erhielten viele weitere nützliche Tipps. Also, nicht scheuen und den Verkäufer mit Fragen überhäufen, denn Sie müssen bedenken: Der Rucksack ist der ständige und lästige Begleiter, und wenn der nicht sitzt, dann gnade Ihnen Gott.
Sie sollten unbedingt vorher einen Testmarsch machen, besser sogar mehrere. Das heißt, den Rucksack zu packen, wie Sie ihn auch auf der Wanderung tragen möchten, um das Gewicht zu spüren, und damit einmal mindestens eine halbe Tagesetappe gehen. Drei bis vier Stunden genügen, um ein Gefühl dafür zu bekommen, was man auf dieser Wanderung in drei Wochen permanent mit sich herumschleppt. Sie bekommen dadurch ein Gefühl dafür, was man wirklich überhaupt nicht braucht.
Oben sehen Sie unsere persönliche Packliste, die als Orientierung dienen soll, was wir alles dabei hatten und womit wir uns ganz vernünftig ausstaffiert sehen.
Keine Frage: Es ist nicht absolut notwendig, speziell auf die Wanderung hinzutrainieren. Doch ist es wesentlich

angenehmer, auch ein Auge für die Natur, die Landschaft und das Geschehen zu haben, als während des Wanderns ständig mit dem eigenen Körper und dessen Kondition beschäftigt zu sein.

Mit einer guten Vorbereitung haben Sie mehr von dieser Pilgerreise.

Passo Corese
Rom

»Das Ende? Nein, jetzt geht es erst los.«

14.08./14.30 Uhr, Passo Corese Toni weint. Er weint still. Er weint nicht bitter, er weint einfach. Seine Tränen drücken Traurigkeit aus, weil es vorbei ist. Es ist aber eine heitere Traurigkeit, sofern es so etwas gibt. Vielleicht ist es eine bittersüße. Denn nach allem, was wir erlebten, kann man einfach nicht mehr traurig sein. Mir sitzt ebenfalls ein Kloß im Hals. Ich würge das Gefühl hinunter, weil ich mit Toni reden will. Ich höre mich sagen: »Es ist doch nicht vorbei, jetzt geht es erst los!« Wir sitzen im Zug nach Rom. Ich bin verwirrt von den letzten Stunden. So schnell hatte ich mich nicht in diesem Zug sitzen sehen. Ich höre in mich hinein. Ich merke: Es ist gut, alles ist gut. Es ist kalt, die Klimaanlage im Zug kühlt uns herunter von der Hitze des Tages, friert uns ein, friert unsere

Herzen ein. Denn eines ist uns klar: Solch gewaltige Erlebnisse wie in den vergangenen Tagen werden wir in Rom wahrscheinlich nicht haben. Was hat eine Stadt schon zu bieten, verglichen mit der Natur?

14.08./15.00 Uhr, Rom Termini Ich hätte nicht gedacht, heute und hier im Zug nach Rom zu sitzen. Ich wollte doch noch gehen, einen Tag, zwei. Ich wollte es noch hinauszögern, aber wie lange? Es war eine überwältigende Zeit. Ich bin ein Mensch, der alles festhalten möchte, allem voran die Vergangenheit. Und jetzt rolle ich vor ihr davon. Stimmt das wirklich? Nein! Ich trage sie ja in mir! Sicher ist, dass die jüngste Vergangenheit zu den schönsten gehört, die ich je erlebt habe. Und jetzt werde ich herausgerissen, unverhofft, abrupt. Aber das Leben geht eben weiter. Eines weiß ich sicher: Das war nicht meine letzte Pilgerreise. Ich schmiede in Gedanken schon an der nächsten Etappe. Auf Rom freuen? Dazu habe ich im Moment viel zu sehr mit mir selbst zu tun. Das Ende? Nein, jetzt geht es erst los, wie Simone sagt.

Der aufregende Start zur Pilgerreise

1. Tag
Obergriesbach
München

29.07. Obergriesbach
München

29.07./17.20 Uhr, Obergriesbach Wir verlassen Obergriesbach und gehen zum Zug, der uns um 17.43 Uhr nach München bringt. Dort haben wir zwei Stunden Aufenthalt und dann geht es über Nacht weiter nach Florenz. Mein Wunsch für diese drei Wochen ist auf jeden Fall, Gewicht zu verlieren. Ich habe mich vorher noch wiegen müssen, weil Simone meint, dass ich so dick sei und von den aktuell 78 Kilo sollten doch bitteschön mindestens vier Kilo abgespeckt werden. Weiterhin glaube, hoffe und wünsche ich mir, die Zeit möge langsamer voranschreiten. Durch das Wandern in der Landschaft möge die Konzentration auf dem Hier und Jetzt ruhen und das Leben verlangsamen. Natürlich freuen wir uns auf eine wahrscheinlich atemberaubende Landschaft und auf hoffentlich sehr nette, hilfsbereite Menschen. Was mich ein bisschen nervt, ist, dass wir es nicht schaffen, ohne Telefon und in unserem Fall sogar ohne unseren Computer durch halb Italien zu laufen, weil ich das Gefühl habe, in irgendeiner Form Kontakt mit zu Hause halten zu müssen. Dass ich mich nicht mal drei Wochen losreißen kann, ohne im steten

Kontakt zum »realen« Leben zu stehen, das ist wirklich ein bisschen schade. Man glaubt, man benötigt diese technischen Hilfsmittel, vor allem das Internet. Aber jetzt geht es los – und das ist das Wichtigste an der ganzen Geschichte.

29.07./17.42 Uhr, Obergriesbach Es ist jetzt 17.42 Uhr, kurz vor Ankunft des Zuges nach Augsburg. Durchgeschwitzt bin ich schon jetzt nach einigen Kilometern, zudem sind meine Gedanken ein bisschen schwermütig. Irgendwie ist alles unsicher: Die Reise ist zwar durchdacht, aber manchmal läuft es dann doch anders ab, als man es geplant hat. Im Moment denke ich einzig daran, dass ich nur zwei Paar Unterhosen dabei habe und eigentlich die »Luxus-Klamotten« am meisten vermissen werde. Ansonsten hat frau noch geschaut, dass das Haus in Ordnung, der Kühlschrank ausgeräumt, der Rasen gemäht, die Tonne geleert ist. Und viele Dinge habe ich wegorganisiert und delegiert. Ohne Mama und ihr unermüdliches Engagement für unser Haus wäre es kaum möglich, solche Reisen zu unternehmen. Im Moment habe ich noch gar nicht realisiert, dass wir so lange weg sein werden. Die Gedanken heften sich an Gewohntes, die

Emotionen werden unterdrückt, die Unsicherheit ist in Wirklichkeit groß. Was erwartet mich – besonders körperlich – auf dieser ungewöhnlichen, unglaublich spannenden Reise? Wir werden es erfahren, oder besser erlaufen. Der Zug fährt ein, es geht los!

29.07./20.00 Uhr, Unsere Freunde Das ist ja wirklich bemerkenswert. Wir fahren seit 14 Jahren mehrmals im Jahr in den Urlaub und es hat nie jemanden wirklich interessiert. Und kaum sagen wir, dass wir von Assisi nach Rom wandern, ist die Hölle los. Jetzt im Biergarten empfangen wir noch viele SMS-Nachrichten. Alle wünschen uns eine gute Reise und fragen nach, ob sie uns unterwegs per SMS oder per Telefon erreichen können. Verdammt, was ist da jetzt anders, als wenn man ganz normal in den Urlaub fährt? Es muss anscheinend eine hochinteressante Geschichte sein, von Assisi nach Rom zu wandern. Und das Beste daran ist: Wir tun es!

29.07./21.00 Uhr, München Hauptbahnhof Als wir vom Biergarten zum Bahnsteig gehen, wartet unser City-Night-Line nach Florenz schon auf den Gleisen. Er sieht von außen aus wie eine olle Kaschemme von 1870. Ich will mich schon aufregen, da kommt die Überraschung: Der Zug wurde innen komplett renoviert. Die massive Zimmertür und der Teppichboden im Waggon machen Appetit auf das Innenleben dieses verheißungsvollen Zuges. Das Abteil ist von der Größe her wirklich nur zum Schlafen gedacht. Karten könnte man nicht spielen, nur von oben nach unten. Toni lacht und wundert sich über den engen Zug, über das »megakleine« Zugabteil. Ich freue mich, weil wir aus dem großen Fenster heraus eine tolle Aussicht haben und ein Stockbett – fast wie in meiner Kindheit. Ich komme mir vor, wie ein kleines Mädchen, das oben schlafen darf, was sich aber später als fürchterlicher Fehler entpuppt. Denn der Zug schwankt natürlich oben ungleich mehr. Ansonsten ist alles sehr raffiniert ausgedacht. Ich schaue aus dem Fenster. Fast alle steigen hier mit einem Rucksack ein, der so groß wie einer der unsrigen ist. Neugierig begutachten wir unser neues Reich: Eine kleine Leiter führt zum Stockbett hinauf. Übrigens ist das Abteil entgegen der Meinung unserer Freundin Geli super sauber, die Betten sind schön wie in manch einem Hotel und keine Spur von Kakerlaken oder sonstigem Ungeziefer. Jetzt kommt der Schaffner. Er fragt uns, was wir morgen früh zu essen und zu trinken möchten, wann wir geweckt werden wollen, und weist uns nach der Kontrolle der Ausweise und des Fahrausweises in die Räumlichkeiten und die Lichter ein. Wir trinken noch unser letztes deutsches Weißbier und dann beginnt die Nacht. Der Zug fährt mich immer weiter weg von zu Hause, vom gewohnten Leben. Alles geht so schnell: Vorhin waren wir noch im Biergarten und jetzt flitzt die Landschaft an uns vorbei.

Die Nacht vom 29. auf den 30.07., Im Nachtzug
Nachdem wir im Biergarten Weißbier und sicherheitshalber noch eine Dose Franziskaner im Zug getrunken haben, kann ich im Nachtzug vorzüglich schlafen. Die Betten stehen quer zur Fahrtrichtung. Sehr oft geht es mir so, dass ich in einer Art Schwebezustand in meinem Bett liege und meine, der Zug fährt unter mir vorbei. Aber dennoch hat es geklappt und ich bin eingeschlafen. Simone hingegen hat so ihre Probleme damit. Sie hat ständig Angst, dass sie bei einer Notbremsung aus beträchtlicher Höhe aus dem Bett fallen könnte, was ja auch eine gewisse Wahrscheinlichkeit in sich birgt.

Auf den Spuren des Franz von Assisi

2. Tag

Florenz
Assisi

30.07. Florenz
Assisi

30.07./6.15 Uhr, Fahrt nach Florenz Die Nacht war fürchterlich. Nachdem Toni um 22.00 Uhr einschlief – und das auch noch selig – ruckelte und zuckelte mein Körper durch die Nacht, es trug mich immer weiter fort. Unruhig schlief ich und es war mir, als ob die Zeit nicht vergeht.

30.07./6.30 Uhr, Florenz Hauptbahnhof Und dann ging alles ziemlich schnell. Um Viertel vor fünf sind wir aufgewacht und haben nebenan die komfortablen und sauberen Waschräume mit der Dusche besucht, um anschließend noch mal ins Bett zu kriechen. Hundemüde! Um 5.30 Uhr erschallte der elektronische Weckruf, der vom Schaffner so eingespeichert wurde, wie wir ihn bestellt hatten. Tja, und dann sind wir noch einmal eingenickt. Um 6.00 Uhr kam der verärgerte Schaffner mit dem Frühstück. Verärgert deshalb, weil wir nicht gleich die Türe öffneten, denn wir schliefen ja schon wieder. Fünf Minuten bevor der Zug um 6.18 Uhr – sicherheitshalber auch noch zwei Minuten zu früh – in Florenz ankam, waren wir mit dem Frühstück noch lange nicht fertig. Panik! Wir ziehen uns so schnell wie möglich an, springen aus dem Zug und rennen wieder ins Abteil zurück, weil wir dieses und jenes vergessen haben. Hektisch fischen wir die restlichen Sachen aus unserem Abteil, aber schlussendlich ist alles gut und wir landen wohlbehütet, aber nervlich angekratzt auf Bahnsteig Nr. 11 in Florenz. Uff – gerade noch mal gutgegangen.

30.07./6.30 Uhr, Florenz Hauptbahnhof Morgentoilette am Florentiner Bahnhof: Ich bin es ja vom Camping schon gewöhnt, dass mir die Leute beim Zähneputzen zusehen. Aber auf dem Bahnhof hat das doch einen eher ungepflegten Charakter.

30.07./7.00 Uhr, Florenz Ach, bella Italia! Welch Freude, hier zu sein! Ich war in meiner Kindheit oft mit meinen Eltern in Italien und besuchte es noch, als ich Jugendliche war. Die Abschlussfahrt der Schule führte mich zum ersten Mal nach Florenz. Was für eine Stadt! Wir haben noch ein bisschen Zeit, bevor unser Zug nach Assisi abfährt. So entscheiden wir uns, ein wenig die morgendliche Stimmung in der Stadt aufzunehmen, um unseren ersten italienischen

Cappuccino zu schlürfen. Das können die Italiener – traumhaften Cappuccino kochen und leckere Vanillekrapfen backen.
Auf der Suche nach einer geeigneten Bar kommen wir am Dom von Florenz vorbei und sind beeindruckt von den Kunstfertigkeiten und den Steinmetzarbeiten. Toni ist vor allem von den Toren bewegt. Er meint, dass wir in Obergriesbach auch so eine goldene Tür bräuchten, als Eingang zu unserem eigenen kleinen Paradies. Der Dom ist ein Prachtexemplar von einer Kathedrale, von unschätzbarer Kostbarkeit und kaum zu fassender Handarbeit. Wir werfen noch einen Blick hinein – offiziell ist zwar noch nicht geöffnet, ein netter Mann von der Security drückt jedoch ein Auge zu. Wir finden ein Platzerl in einem Café am Rande einer Piazza und beobachten das morgendliche Treiben. Aber kaum hat's begonnen, ist der Genuss auch schon wieder vorbei. Wir müssen dringend zurück zum Bahnhof. Unsere eigentliche Mission ist ja das Wandern – allerdings bekümmert mich jetzt schon das beachtliche Gewicht auf meinem Rücken. Und das 14 Tage lang? Das kann ja heiter werden.

30.07./8.09 Uhr, Im Zug von Florenz nach Assisi Wir sitzen jetzt im Zug von Florenz nach Assisi. Es ist 8.09 Uhr, gleich geht es los. Ich habe immer irgendwie das Gefühl, aufs Handy schauen zu müssen, aber ich habe gar keines dabei, besser gesagt, ich habe die deutsche SIM-Karte mit meiner Telefonnummer ausgebaut. Ich möchte etwas lesen, aber auch dafür war kein Platz im Rucksack. Im Vorfeld hatte ich einen neuen teuren Rom-Reiseführer gekauft, der nun zu Hause liegen darf.

30.07./9.22 Uhr Toni ist eingeschlafen. Vorher hat er noch groß und breit erklärt, er hätte super geschlafen im Nachtzug – haha! Toni kann sowieso immer und überall einschlafen: im Flugzeug, im Zug, im Auto, auf Parkbänken, im Freien. Aus mir spricht der Neid – ich bin ein schlechter Schläfer, alles, was mich beunruhigt, hält mich wach. Wahrscheinlich bin ich noch mehr Tier als Toni. Ich muss alles bewachen. Vor allem könnte ja mein Leben in Gefahr sein – böser Zug, böser Flieger! Als ob man das beeinflussen könnte, wenn man wach bleibt. Ich wünsche mir, dass mir diese Wanderung auch in dieser Hinsicht mehr Gelassenheit verschafft. Mal sehen.

30.07./10.40 Uhr, Warum eigentlich der Franziskusweg? Eine scheinbar einfache Frage und doch ist die Antwort darauf so schwer. Jeder spricht vom Jakobsweg, und weil gerade jedermann den Jakobsweg beschreitet, erschien dieser uns nicht gut genug – nein, das ist der falsche Ausdruck. Es ist einfach nicht unser Ding, einen Weg zu trampeln, auf dem Tausende und Hunderttausende gehen. Es musste eine Alternative her. Aus den Erfahrungen von diversen Wanderritten der Vergangenheit wissen wir, dass es interessant ist, neue, eigene Wege zu beschreiten. Und doch sollte der Aufwand, eine solche Wanderung vorzubereiten, nicht schier unendlich sein. Da fand ich zufällig in einer Bücherei in Schwerte das Buch »Franziskusweg« von Kees Roodenburg, erschienen im Conrad Stein Verlag. Er hat seine eigene Reise von Florenz bis Rom in 32 Tagesetappen auf 450 Kilometern sehr exakt beschrieben, etwa in dem Stil: »An der 2. Ziege rechts abbiegen, dann am 3. Baum mit einer Eingravierung rechts abbiegen.« Dieses Reisetagebuch inspirierte uns dazu, den Franziskusweg in Angriff zu nehmen. Die Distanz von Florenz nach Rom war uns mit etwa vier Wochen Wanderdauer jedoch deutlich zu lang. Deswegen haben wir uns durchgerungen, den Weg in exakt der Mitte zu beginnen, nämlich in Assisi. Zudem ist die Anreise mit der Bahn bequem möglich.

30.07./10.49 Uhr, Assisi Und so sind wir jetzt in Assisi gestrandet und freuen uns richtig auf den Weg von etwa 250 Kilometern Länge. Ein bisschen masochistisch, wie wir finden!

30.07./11.33 Uhr, Assisi, Santa Maria Degli Angeli Mit dem Zug angekommen – streng genommen nicht in Assisi, sondern in Santa Maria Degli Angeli –, gehen wir zuerst zur gleichnamigen Basilika. Im Inneren dieser riesigen Kirche unter der großen Kuppel steht die Portiunkula-Kapelle, in der Franz von Assisi starb. Eigentlich beginnen wir hier ja mit dem Ende einer Geschichte, aber gibt es überhaupt Anfang und Ende? Oder gleicht das Leben einem Kreis, wie diese Wanderung, die nun mit dem Ende beginnt?
Wir befinden uns auf der Straße von der Basilika nach Assisi, auf der Via Francesca, auf roten Pflastersteinen. Da ich vom Gewicht meines Rucksacks

■ **Portiunkula** (lateinisch: kleiner Flecken Land). »Porziuncola« ist der verbreitete italienische Name der kleinen Kapelle mit dem offiziellen Namen »Santa Maria Degli Angeli«. Im Jahre 1569 ordnete Papst Pius V. an, eine gleichnamige Kathedrale über die kleine Kapelle zu bauen, fertiggestellt wurde die gewaltige Basilika aber erst 1679. Am 3. Oktober 1226 verstarb in der Portiunkula-Kapelle Franz von Assisi, mit bürgerlichem Namen Francesco Bernardone, im Kreise seiner Anhänger. Zu Franziskus' Zeit entstand die Kapelle in einem Steineichenwald. Den Überlieferungen nach war sie zerfallen. Die Legende besagt, dass Franz von Assisi die kleine Kirche – und noch zwei andere Kapellen – mit den eigenen Händen wieder instand setzte. Er vernahm zuvor in der Kapelle in San Damiano Jesu Stimme vom Kreuz: »Siehst Du denn nicht, dass mein Haus verfällt? Baue es wieder auf!«

vornübergebeugt gehe, fällt mir auf, dass auf den Pflastern Namen eingraviert sind und ich frage mich, was die auf den roten Steinen wohl bedeuten. Ob das Sponsoren sind, oder Einwohner oder Wallfahrer, die sich dort verewigen lassen, oder Heilige? Toni korrigiert mich: »Keine Heiligen, Franziskanermönche!« »Sind Franziskanermönche denn nicht heilig?«, frage ich scheinheilig. Manchmal macht es mir Spaß, Toni mit meiner angeblichen Naivität zu ärgern. Die rote Pflasterstraße zieht sich tatsächlich bis hoch in die Stadt. Wir haben uns vorgenommen, oben zu fragen, was die Namen bedeuten. Wir haben es dann aber doch vergessen – leider. Es ist der erste längere Marsch mit unseren Rucksäcken auf italienischem Boden. Es ist heiß, es ist sehr heiß und es wird ziemlich anstrengend da hinauf. Wir sind vollständig durchnässt, als wir oben ankommen. Auf den letzten Metern wird mir schlecht. Ich muss mich setzen. Irgendwohin. Toni kauft mir etwas zu trinken, offensichtlich bin ich ganz weiß im Gesicht. Der besorgte Geschäftsinhaber sagt irgendetwas auf Italienisch. Ich deute es mit »Ja, ja, ganz schön heiß heute« und frage mich, wie ich die Wanderung lebendig überstehen soll, wenn ich nach eineinhalb Stunden schon keinen Kreislauf mehr habe? Nun, ich schiebe es mal auf die schlaflose Nacht im Zug.

30.07./13.00 Uhr, Tau Ich bin sehr froh, als wir in unserem vorgebuchten Zimmer ankommen. Zuerst eine Dusche nehmen und dann ab auf das einfache Bett. Das Zimmer ist riesengroß, wie eine Reithalle, liegt zur Straße hin und hat zwei Fenster mit Läden. Wir schließen sie wegen des Lärms, der von der Straße kommt. Mittags schlendern wir durch die Gässchen von Assisi. Ich habe richtig Hunger und gönne mir ein Panini. Später kaufen wir uns franziskanische Tau-Kreuze als Glücksbringer. Sie sind das Sinnbild des heiligen Franz.

Normalerweise bin ich mit Talismännern nicht vertraut. Aber ich hänge mir meines um, denn es gibt mir eine Art Kontinuität mit auf die Wanderung. Da ich all meinen Schmuck zu Hause ließ und auch sonst nichts dabei habe, was ich liebe, kommt mir das Kreuz gerade recht. Es riecht fein, wenn man daran reibt, ist aus Olivenholz und fühlt sich warm an auf der Haut.
Ein Stück Eitelkeit? Nein, eher ein Stück Frieden.
Wir steigen auf einem ziemlich steilen Weg hoch zur Burg, ruhen uns in einem kleinen Picknickgelände aus. Dort stehen ein paar Bänke. Da wir beide ein bisschen durch den Wind sind, diskutieren wir schwer über die Welt und unseren alten Beziehungskram.
Nach dem Abstieg zurück zur Stadt besichtigen wir noch einige Kirchen, unter anderem die Basilica di S. Chiara, in der eine wunderschöne Skulptur von Franz von Assisi steht – die Nachbildung des Gesichts ist perfekt. Man weiß zwar nicht genau, ob er so ausgesehen hat, vermutet es aber. Auf jeden Fall ist sie eine tolle Arbeit – ein Kunstwerk. Danach gehen wir zurück in unser Hotel und halten ein Nachmittagsschläfchen, weil wir so müde sind.

30.07./19.00 Uhr, Unser erster Tag geht zu Ende

Assisi – viele Touristen, relativ unfreundliche Bewohner. Wahrscheinlich genervt ob der unzähligen Menschen, die jeden Tag die Straßen der Stadt überfluten. Aber doch spürt man noch den Geist des heiligen Franziskus, vielleicht der Urvater der ökologischen Bewegung. Hier also war Franziskus zu Hause, hat die Landschaft gehegt und genossen, war mit seinem Dasein im Reinen. Man kann sich vorstellen, wie er mit Tieren, mit Menschen spricht, das natürliche Leben bevorzugt und seine Lehre weitergibt. Und ein Stück weit suchen wir diesen Franziskus auf unserer Reise, indem wir ihm folgen auf dem Weg nach Rom. Auf einem Weg, den er sicherlich nicht exakt so gegangen ist, der aber doch an vielen Stellen seiner Reiseroute gleicht. Wir suchen diese gewisse »Erdung«, diese Naturverbundenheit. Und ich bin mir sicher: Wir werden sie finden. Etwas Angst und Bange ist uns aber vor morgen. Gleich am ersten echten Wandertag liegt ein ziemlich anstrengender Streckenabschnitt vor uns. Es geht den Subasio, einen Berg mit zirka 850 Höhenmetern, hinauf. Und das alles bei dieser nahezu unerträglichen Hitze. Das wird alles andere als ein Spaß. Genügend Trinkwasser ist ein absolutes Muss, um diese erste Wanderung zu überstehen. Aber jetzt gehen wir erst mal zum Abendessen: Nudeln, Gnocchi, Pizza – alles steht hier nach italienischer Manier auf dem Speiseplan, dazu noch ein Gläschen süffiger Rotwein. Wir werden sicher unseren Spaß daran haben. Und dann hoffentlich eine gute, erholsame Nacht, um Kraft zu schöpfen für die Anstrengungen des morgigen Tages.

■ **Franz von Assisi** Zwar gibt es keine authentischen Bilder des heiligen Franziskus, aber Thomas von Celano, sein frühester Biograf, der 1214 von Franz selbst in die Brüdergemeinschaft aufgenommen wurde, beschreibt ihn so: »Er war ein Mann mit fröhlichem Antlitz und gütigem Gesichtsausdruck; seine Gestalt war eher klein als groß, sein Kopf rund, sein Gesicht eher länglich, seine Stirn eher glatt und niedrig, seine Augen dunkel und klar, sein Haar schwarz, seine Augenbrauen gerade, seine Nase gleichmäßig, dünn und gerade; seine Ohren waren abstehend und klein, seine Schläfen flach, seine Zähne eng beieinander, gleichmäßig und weiß, seine Lippen schmal und zart. Er hatte einen schwarzen, nicht besonders dichten Bart, einen schlanken Hals, gerade Schultern, kurze Arme, schlanke Hände, lange Finger mit langen Nägeln, dünne Beine, sehr kleine Füße und eine zarte Haut. Er war sehr mager.«

Die Herkunft Franziskus ist nur zirka 44 Jahre alt geworden. 1181 wurde er in Assisi als Sohn des wohlhabenden Tuchhändlers Pietro di Bernardone und seiner Ehefrau Monna Pica geboren. Als sein Vater von einer Frankreichreise zurückkehrt, auf der er sich zur Zeit der Geburt von Franziskus aufhält, gibt er seinem Sohn den Namen »Francesco« (kleiner Franzose). Zunächst ist er eher das Gegenteil dessen, was man sich vorstellt, wenn man heute an Franziskus denkt: Nach Thomas von Celano war Franziskus ein Jugendlicher, der gut in die Gesellschaft von Assisi eingeführt war und als Sprössling einer wohlhabenden Kaufmannsfamilie freigiebig seinen Wohlstand mit seinen Freunden teilte.

Die Jugend 1202 kämpfte er im Städtekrieg zwischen Assisi und Perugia, dabei geriet er ein Jahr in Gefangenschaft. Nach der Freilassung – der Vater konnte ihn freikaufen – beschließt Franz, sich erneut kriegerischen Auseinandersetzungen anzuschließen: Walter III. v. Brienne rief dazu auf, das Land zu verteidigen. Wie viele junge Männer, entschloss sich Franz, dem Aufruf zu folgen. Auf dem Weg nach Pulien, wo sich das Heer sammeln sollte, machte er in Spoleto Rast. Dort hatte er nachts einen Traum, in dem er aufgefordert wurde, sofort nach Assisi zurückzukehren. Es ist überliefert, dass er bereits vor Morgengrauen wieder in Assisi gesichtet worden sein soll. Etwas hatte sich in seinem Leben ereignet. Er weiß, dass er nicht mehr so weiterleben kann wie bisher. Er gibt ein letztes großes Fest für seine Freunde und zieht sich danach in die Einsamkeit und ins Nachdenken zurück. Auf einer Wallfahrt nach Rom macht er dann die erstaunliche Entdeckung der Süße der Armut. Und lernt bei einer Begegnung mit einem Leprakranken, seine Abscheu und seinen Ekel vor Krankheit und Tod zu überwinden.

Die Lebenswende Nach den Worten vom Kreuz in San Damiano stiehlt Franziskus Geld von seinem Vater für Steine und Kalk für die verfallene Kirche. Sein Vater ist entsetzt: Er erteilt ihm Hiebe und sperrt ihn unter der Treppe ein. Seine Mutter schließlich lässt ihn wieder frei. Daraufhin verklagt Pietro di Bernardone seinen

Sohn Franziskus. Der Prozess wird am 5. April 1207 vor Bischof Guido II. von Assisi ausgetragen. Vor ihm verzichtet Franziskus auf das väterliche Erbe und jeden irdischen Besitz und zieht sich schließlich nackt aus, um dem leiblichen Vater auch das letzte Hab und Gut, das er von ihm hat, zurückzugeben und so ganz frei zu werden.

Die franziskanische Bewegung Er trägt ab jetzt ein sackartiges Gewand aus grobem Stoff von schmutziggrauer Farbe, vielfach geflickt, das um die Mitte mit einem gewöhnlichen Strick zusammengehalten wird. In allen Jahreszeiten ist er barfuß unterwegs. Franziskus lebt von erbettelten Lebensmitteln, schläft in Scheunen und Höhlen und ist viel unterwegs. Dabei ist seine Konstitution keineswegs robust. Seine Biografie ist von Krankheitsgeschichten durchzogen. Die Energie, die diesen kleinen Mann vorantreibt, kann nicht in seiner Muskelkraft gelegen haben. Seine Kraft kommt aus einer radikalen Verneinung all dessen, was auch heute noch bei uns bürgerlichen Menschen zu finden und wichtig ist: Er verleugnet die Klassenzugehörigkeit, das Prestige, die hierarchische Ordnung, den Hunger nach Macht und Einfluss usw. Franziskus beginnt seine Lehre zu verbreiten und schon bald scharen sich die ersten Gefährten um ihn, die zusammen mit ihm in der Portiunkula Obdach finden. 1209 hat Franziskus bereits zwölf Brüder um sich. Er schreibt eine kurze Regel für den »Orden der Minderbrüder«, wie sich die Gemeinschaft nennt, und pilgert gemeinsam mit seinen Gefährten nach Rom, um sich von Papst Innozenz III. die Regel bestätigen zu lassen.

Das Ringen mit dem Monte Subasio

3. Tag

Assisi

Spello

18 km

7 Stunden

⇧ ca. 850 m

⇩ ca. 950 m

31.07. Assisi
Spello

31.07./7.30 Uhr, Aufsteh'n und los geht's Nachdem ein wunderbar erholsamer Schlaf hinter uns liegt und wir endlich ein bisschen zu Kräften gekommen sind und damit die Nacht im Schlafwagen verdaut haben, gibt's Frühstück europäisch-amerikanischen Stils – oder wie auch immer. Auf jeden Fall sehr spartanisch: zwei Croissants, weiße Semmeln, Marmelade und Butter. Von der italienischen Art zu frühstücken sind wir erst mal enttäuscht. Aber harren wir der Dinge, die uns in den nächsten Wochen erwarten. Um 8.00 Uhr haben wir vor zu starten, um den Aufstieg zum Monte Subasio zu wagen.

31.07./9.00 Uhr, Assisi Als wir Assisi verlassen, denken wir über Franziskus nach. Eine ganze Stadt, nein eine ganze Region, lebt im Banne dieses Mannes, der vor 800 Jahren gelebt hat und dem, wenn man den Dokumentationen glaubt, kein langes Leben gegönnt war. Der heilige Franziskus wurde zirka 44 Jahre alt und hat erst in der Mitte seines kurzen Lebens begonnen, so zu wirken und zu leben, wie es uns bekannt ist. Und er muss ein unglaublicher Mensch gewesen sein. Man sieht die Zeugnisse seines Lebens an der Stadt Assisi: unendlich viele Kirchen, unendlich viele Ordensleute. Man schaut hinab, sieht die Basilika mit der Portiunkula-Kapelle – ein gewaltiger Bau, der Zeugnis davon ablegt, dass hier vor vielen hundert Jahren Einmaliges und Unwiederbringliches geschehen ist. Menschen, die die Welt derart verändern, sind selten und ausgestattet mit enormer Kraft. Was müssen das für Menschen sein, die so viel bewirken? Welches Charisma spricht aus ihnen? Gerne, nur zu gerne möchte man ihn sehen, mit ihm sprechen, teilhaben an seinen Visionen, an dem, was er fühlt, was er spürt. Ein Stückchen dieses Franziskus beginnt sich jetzt in mir zu regen, als ich den Berg hinaufsteige, der Natur mit meiner Kraft den Weg abtrotze. Ich weiß, wie wertvoll es ist, etwas zu trinken zu haben, den Schatten zu genießen, der mir den Aufstieg erleichtert und Kühle spendet. Ich beginne bereits beim ersten steilen Anstieg zu verstehen, wie es ist, mit und in der Natur zu sein, aufgehoben, sich beschützt zu wissen.

31.07./9.06 Uhr, Auf den Subasio Ich stapfe den Berg hoch von Assisi in Richtung Gipfel des Monte Subasio. Mir läuft das Wasser runter. Es ist heiß und ich bin fertig, aber es macht Spaß. Ganz, ganz langsam komme ich Rom entgegen. Der Schritt, den ich eben mache, ist nur ein winziger Fußstapfen des Weges hin nach Rom. Die Diskussion mit Toni über Franziskus lässt mich noch eines hinzufügen: Ich bin die Natur!

31.07./9.20 Uhr, Subasio Wir sind jetzt cirka eine Stunde unterwegs. Nach dem Aufwachen um 7.00 Uhr, Frühstück um 7.30 Uhr und der notwendigen Körperpflege haben wir etwa um 8.20 Uhr das Hotel verlassen.
Unser Startpunkt lag am anderen Ende der Stadt, sodass wir noch einmal quer durch Assisi gehen mussten. Auf dem Weg deckten wir uns mit notwendigen Lebensmitteln ein: vier Würste, ein gutes Stück Käse, Brot und Pfirsiche. Wasser haben wir gestern schon besorgt und schleppen etwa 3 ½ Liter mit. Nach der ersten Stunde befinden wir uns auf einem sehr steil ansteigenden Weg, der direkt nach dem Verlassen von Assisi an der Stadtmauer entlangführt. Wir überwinden rasch viele Höhenmeter. Es ist unglaublich, wie man dabei ins Schwitzen gerät. Es ist viel heftiger, als man es sich vorzustellen wagt. Das Schwitzen in der Sauna ist mit diesem hier nicht zu vergleichen. Wir

schreiben Ende Juli/Anfang August. Gestern war es schon unheimlich heiß. Wir denken, es hat etwa 30 bis 35 °C. Deshalb wollten wir früh morgens starten, um der Hitze ein Stück weit zu entgehen. Der Aufstieg ist schattig. Aber weil er so steil ist, verlangt er uns Enormes ab. Wir sind froh, dass wir gut vorbereitet sind. Im letzten halben bis dreiviertel Jahr haben wir viel Sport getrieben, im Juni einen Halbmarathon absolviert – den ersten in unserem Leben. Weiterhin haben wir in den letzten vier bis fünf Wochen größere Touren auf dem Rennrad unternommen, um unsere Kondition und unsere Beine auf das vorzubereiten, was hier und jetzt wirklich gefragt ist – Muskeln und Ausdauer.

31.07./9.37 Uhr, Subasio Toni hat mir gestern einen Pinocchio gekauft, als Sinnbild für meine vergangenen Lügen. Gerade eben meinte er, wenn Pinocchios Nase hinten auf dem Rucksack kleiner geworden ist, dann sind alle meine Lügen abgetragen. Toni ist außer Sichtweite, ich bin zu langsam. Manchmal komme ich mir unzulänglich vor: Toni ist perfekt, Toni hat Kondition, Toni rennt den Berg hoch, Toni spielt Fußball, Toni läuft untrainiert einen Halbmarathon, Toni ist ideenreich. Manchmal fühle ich mich unwohl in seinem langen Schatten. Ich möchte ihm immer nacheifern und genauso sein wie er. Dann muss ich jedoch erkennen, dass meine körperlichen und geistigen Grenzen erreicht sind. Das ist manchmal frustrierend. Mir muss endlich klar werden, dass wir eben zwei verschiedene Menschen sind und dass er nicht nach meinen Vorstellungen handelt, sondern natürlich nach den seinen. Man kann nicht immer von einem Menschen erwarten, dass er stehen bleibt, wartet, aufmerksam ist. Sicher, einige Male und immer wieder, aber nicht ständig. Man muss den Menschen auch seinen eigenen Weg gehen lassen und einfach ein paar Meter ohne einander verkraften. Aber Toni hat mich in letzter Zeit – vielmehr in den letzten Jahren – ziemlich oft allein gelassen und seine Aufmerksamkeit sich selbst und seiner Arbeit gewidmet. Darum ist umso verständlicher, was passiert ist. Aber bei all dem hat er es nicht böse gemeint, denn er war stets der Meinung, er tut es für uns, und deshalb verzeihe ich ihm. Ich glaube, ich bin auch eine Frau, die sich immer in den gleichen Typus Mann verliebt. Starker Wille, egoistisch, mit Charisma und eben halt so, dass er keine Rücksicht auf mich nimmt. Ich strahle eben selbst keine Hilfsbedürftigkeit aus, sehe so aus, als ob ich alles ganz alleine kann. Das ist aber nur die Schale – der Kern, der liegt ganz woanders.

31.07./9.49 Uhr, Bergwanderschuhe Dank sei den Bergwanderschuhen, die wir uns besorgt haben, und der tollen Funktionskleidung. Der Weg ist sehr steinig mit losem Geröll. Jeder Tritt sucht neuen Halt. Dank der Schuhe gelingt es sehr gut, der Fuß ist gut stabilisiert, ich rutsche nicht, fühle mich sicher. Kein Wort des Dankes gilt dagegen unserem Rucksack, der auf die Dauer noch deutlich schwerer drückt, als wir es am Anfang vermutet haben. Mit vielleicht 14 Kilo inklusive der Flüssigkeiten erweist er sich als zäher Gegner den Berg hinauf. Doch wie sollte man den Rucksack leichter bekommen? Ich erinnere mich an gestern Abend. Bevor wir zum Essen ausgingen, fragte mich Simone: »Welches Oberteil soll ich denn anziehen?« Ich antwortete: »Du hast ganze drei zur Auswahl, such Dir eins aus!« Solche Fragen werden unser Leben in den nächsten drei Wochen bestimmen. Wir haben nur das Notwendigste dabei und hoffentlich genug Kraft und Kondition im Gepäck, um den vor uns liegenden Weg auch zu bewältigen.

■ **Eremo delle Carceri** Als Franziskus lebte, stand dort, inmitten dieser schönen Waldschlucht des Subasio nur ein kleines Kapellchen. Nachträglich, um 1400 n. Chr., wurde dieses romantische Kloster von Benediktinern errichtet. Unter dem Bau befindet sich eine Grotte, das sogenannte Teufelsloch. Dorthin zog sich Franziskus zum Beten und Meditieren zurück. Das tat übrigens nicht nur er. Viele vor ihm nutzten diesen Ort zum Rückzug und genossen die Stille des Platzes. Angeblich steht dort sogar noch die Eiche von damals, in der die Vögel saßen, zu denen Francesco der Legende nach gesprochen haben soll. Heute ist das Kloster für Besucher geöffnet. Es wohnen dort einige Franziskaner und reden oder singen oft mit den Leuten, die ins Haus kommen. Der Eintritt ist frei.

31.07./10.00 Uhr, Erkenntnis Mir ist die Erkenntnis gekommen – direkt hier und jetzt am Kloster –, dass Toni der einzige Mann ist, der an meiner Seite leben darf. Es kann keinen anderen geben, ich liebe ihn sehr. Wir besichtigen das Kloster des heiligen Franziskus. Dabei ist mir aufgefallen, dass mein Rucksack wahrscheinlich bis Rom nicht ein Gramm leichter werden wird. Und das ist schlimm. Ich überlege schon hin und her, ob ich nicht irgendwelche Sachen zurückschicke, aber ich brauche wahrscheinlich alles – das ist ein Problem.

31.07./10.00 Uhr, Von der Eremo delle Carceri
Der Besuch dieser Einsiedelei ist ein absolutes Muss

beim Aufstieg auf den Subasio. Man verlässt zwar ein Stück weit seinen Weg, wird es aber nie in seinem Leben bereuen, hier gewesen zu sein. Aus der in den steilen Hang des Monte Subasio hineingebauten Einsiedelei wurde ein ansehnliches Kloster. Man erahnt die Einfachheit und die Schlichtheit des Klosterlebens, begreift die Allgegenwart der Natur, versteht den Zusammenhalt einer Bruderschaft. Nichts lenkt einen ab von den »kleinen« Dingen des Lebens: den Sonnenstrahlen des Morgens, die den Franziskus beleuchten, man hört und sieht den »singenden Wald«, wo Klosterschwestern ihre Lieder anstimmen, bemerkt die weißen Tauben, die furchtlos auf einen zufliegen, und fühlt sich eins mit der Natur und dem Leben.

31.07./11.00 Uhr, Eremo delle Carceri – Subasio Gipfel Nach dem Besuch der Einsiedelei Eremo delle Carceri erwartet uns erneut ein nicht zu unterschätzender, steiler Anstieg von etwas mehr als einem Kilometer Länge in einer wunderschönen Landschaft – herrlich duftet das Gras, lautstark zirpen die Zikaden. Ich möchte nirgendwo anders sein als auf diesem zwar anstrengenden, aber landschaftlich begeisternden Weg zum Gipfel empor.

31.07./11.03 Uhr, Eremo delle Carceri – Subasio Gipfel Was Franziskus wohl dabei hatte, bei seiner Pilgerreise nach Rom? Trug er auch so einen schweren Rucksack oder einfach gar nichts? Er hat sich wahrscheinlich »durchgebettelt« in den Herbergen, bei Privatleuten. Das wirft wiederum die Frage auf: Könnte man in der heutigen Zeit so etwas noch machen? Dürfte man genug Gastfreundschaft erwarten, mit nichts außer seiner Kleidung am Leib? Wahrscheinlich muss wenigstens die Kreditkarte dabei sein, sonst ginge gar nichts.

31.07./11.45 Uhr, Vom Frühstück bzw. der Ernährung Noch ein Nachtrag zum italienischen Frühstück in der Pension San Giacomo in Assisi. Ich finde es wichtig, wie sich ein Mensch ernährt, was er isst. In vielen Reiseführern und auch Hotelführern wird nicht über die Qualität des Essens geschrieben. Die Betten sind sauber, das Bad ist toll, aber es wird viel zu wenig über das berichtet, was der Mensch dort essen soll oder kann. Ich vermisste heute Morgen eigentlich alles, was ein Frühstückstisch zu bieten haben sollte. Es gab nur Teigzeugs und Kaffee, aber nix zum Essen, nicht wirklich. Frisch aufgeschnittene Früchte, eine kleine Auswahl an Wurst, Käse, vielleicht auch Kräuter oder Eier, das wäre doch was anderes, als nur Teigwaren anzubieten. Denn nicht nur Wanderer sind den ganzen Tag über auf den Beinen. Durch unsere kulinarischen Erlebnisse bei unserem Freund und Koch Martin Wastl (Tavernwirt in Sulzbach) wissen wir, dass gutes Essen nicht nur Energie und Kraft gibt, sondern auch gute Laune macht. Das möchte ich hier mal anmerken. Ich bin für ein besseres Frühstück in Italia!

31.07./11.50 Uhr, Von der Erfahrung und vom Leben Auch beim Wandern ist es nicht leicht möglich, einem anderen Menschen verständlich und greifbar zu machen, was man erlebt, was man fühlt, was man spürt. So hatten Simone und ich viel zu reden über enttäuschte Beziehungen, auch über enttäuschte Erwartungen und Hoffnungen. Wir haben versucht, unendlich viel darüber zu sprechen. Allein das geht nicht. Leider muss man Krisen durchleben, muss schmerzlich erfahren, was man nicht lernen oder kognitiv verstehen kann – und das gilt für alle Bereiche des Lebens. Wer beispielsweise sein Geld an der Börse investiert, wird viele Ratschläge bekommen, wie man Gewinne optimiert, Verluste vermeidet. Aber dennoch ist es so, dass man seinen Gewinn erst wieder verlieren muss, um diesen Verlust wirklich zu begreifen. Das gilt auch für die Hetze und Unruhe des Lebens. Wir haben einen guten Freund, der sein Arbeitsleben hinter sich hat, wohingegen wir noch mittendrin stecken. Der Zwang und der Druck, Geld zu verdienen, unternehmerisch klug zu agieren, verlangt sehr viel Zeit, sehr viel Energie. So haben auch wir in unsere Arbeit sehr viel Zeit und Energie gesteckt, die uns im privaten und gesellschaftlichen Leben dann fehlte. Unser Bekannter hat uns immer davor gewarnt, denn das Leben sei hier, jetzt, das Leben sei heute und das Leben sei einmalig. Man solle nicht den Fehler machen, diese Einmaligkeit, dieses Leben zu vergeuden. Und dennoch lassen sich die Worte zwar vernehmen, man scheint sie auch zu verstehen. Aber meist genügt es nicht, nur wegen des Gehörten sein Leben neu auszurichten, neu zu orientieren. Es müssen leider Gottes immer erst persönliche Krisen und tiefe Niederschläge eintreten, die einem begreiflich machen, ganz tief innen drin zu verstehen geben: Pass auf, dein Leben – so wie es aktuell ist – steht auf der Kippe.

31.07./11.55 Uhr, Subasio Wir sind schon ziemlich weit oben auf dem Monte Subasio. Die Landschaft ist verbrannt, dennoch wachsen einige farbenfrohe Tagblumen und Disteln. Was sehr lästig ist, sind die Fliegen, die uns umschwirren, als wären wir Schafe. So beginnen wir den Aufstieg zum Gipfel des Monte Subasio, ein langgestreckter schmaler Pfad führt dort hinauf. Anders als zur Zeit Franziskus' steht am Gipfel kein Kreuz, sondern ein Haufen Telefonmasten, die es uns ermöglichen, mit der Außenwelt zu kommunizieren. Im Moment ist es höllisch heiß, die Fliegen umkreisen uns noch immer, ein leichtes Lüftchen lässt uns aufatmen. Aber ich muss feststellen: Ich quäle mich schon sehr.

31.07./13.00 Uhr, Subasio – Gipfel und Abstieg Nach der Mittagspause und einer kräftigen Jause sind wir ein bisschen gestärkt und gehen nun bergab in Richtung Spello. Mir persönlich gefällt bergab besser, denn schwitzen muss ich eigentlich gar nicht mehr, aber es geht mit der Zeit wahnsinnig auf die große Zehe und auf die Knie. Und trotzdem fühle ich mich jetzt irgendwie erleichtert, da der große Anstieg vorbei ist.

31.07./14.58 Uhr, Zum Thema Sünde Also ich finde, für Sünden und Lügen büßt man hier auf jeden Fall. Da muss ich Roodenburg zitieren, der eine Beschreibung für diesen Pilgerweg geschrieben hat: »Menschen gehen mit unterschiedlichen Motiven auf Pilgerfahrt. Sie pilgern zu einer heiligen Stätte, um eine Gunst zu erflehen, um Buße zu tun oder um ihr Glaubensleben zu vertiefen. Andere sehen eine solche Reise als sportliche Herausforderung oder es treibt sie das Interesse an der Kultur …« Für uns spielen sicher alle aufgeführten Gründe eine Rolle. Allerdings haben wir in Sachen »Buße tun« einen riesengroßen Bonus, nämlich die Tatsache, dass wir im Juli/August pilgern, denn es ist prügelheiß.

31.07./15.00 Uhr, Vom Durst gefrustet Seit 8.20 Uhr unterwegs, eine Stunde Pause auf dem Subasio und nun sind wir auf dem Abstieg nach Spello. In einer guten Stunde dürften wir dort eintreffen. Es ist warm, nein es ist heiß, sehr heiß. Von den 3 ½ Litern Wasser ist nur noch ein halber übrig. Kaum ein Lüftlein regt sich, wir schwitzen enorm. Die erste Etappe von Assisi nach Spello ist also bereits eine Herausforderung allererster Güte. Die vielen Stunden mit dem schweren Rucksack hoch oben auf dem kahlen Berg, wo kein Schatten Erquickung bringt, trocknen uns doch ziemlich aus. Die Mittagspause mit Salami, Käse und Brot hat Kraft gegeben, aber auch Durst verursacht. Wir müssen dringend unsere Mittagsmahlzeit überdenken. Sie sollte weniger »salzig« sein. Aber es ist einfach schwierig, einen gemischten Salat mit Putenstreifen und einem anständigen Dressing auf den Berg zu bringen.

31.07./16.07 Uhr, Gedanken zum Tagesablauf Als ich meine Lehre als Schriftsetzerin begann, 1989 bei der Tageszeitung in Aichach, musste ich den ganzen Tag stehen. Ich durfte mich auf keinen Fall bei der Arbeit hinsetzen – nur zur Brotzeit. Das war sehr ungewohnt und der erste Tag war fürchterlich. Meine Beine fühlten sich abends an, als hätte ich sie mir sprichwörtlich in den Bauch gestanden. Aber irgendwann, vielleicht nach sieben, acht Tagen – so genau weiß ich das nicht mehr, kam der Zeitpunkt, wo es völlig normal wurde. Im Laufe der Zeit habe ich mich dann so daran gewöhnt, dass ich es vermisste, als der Computer Einzug hielt und ich die ganze Zeit sitzen »durfte«. Heute ist mein Tagesablauf geprägt vom Gehen und Pilgern mit 14 Kilogramm Gewicht auf dem Rücken. Acht Stunden am Tag nur gehen, gehen, gehen. Und heute, am ersten Tag, denke ich: O Gott, das schaffe ich nie. Es möge bitte schnell der Tag kommen, wo das Gehen für mich normal sein wird und ich ohne es nicht mehr auskommen, es sogar vermissen werde.

31.07./16.35 Uhr, Ich bin sauer und voller Sorge
Wir sind kurz vor Spello. Aber was heißt kurz: Jetzt geht der blöde Weg außen herum und führt weg von Spello. Wir wollen abkürzen und gehen schnurstracks den Hang hinunter, aber plötzlich ist der Weg abrupt zu Ende. Also wieder hoch, zurück auf den Pfad, der von Spello wegführt. Wir haben kein Wasser mehr und die Nachmittagshitze ist brutal. Toni hat einen hochroten Kopf, er leidet Durst und ihm ist heißer als er zugeben mag. Hoffentlich kippt er nicht um, ich mache mir Sorgen. Aber es wird schon gutgehen, wir werden bald unten sein.

31.07./17.00 Uhr, Ankunft in Spello Obwohl wir ca. 3 ½ Liter Flüssigkeit dabei hatten und Simone vorab auch noch einen Liter getrunken hat, kommen wir ziemlich ausgedörrt in Spello an. Man möchte es kaum glauben, wie lecker ein Glas Wasser ist oder das Lemon Soda, das wir bestellen. Wir halten fest: Um 8.20 Uhr sind wir losmarschiert, um 17.00 Uhr hier angekommen. Dazwischen hatten wir zirka eine Stunde Mittagspause sowie eine halbe Stunde für den Besuch der Einsiedelei Eremo delle Carceri aufgebracht. Der Berg, der Weg über den Subasio, vor allem die Hitze auf dem grasbewachsenen Gipfel, haben sehr stark an uns gezehrt. Aber jetzt sind wir angekommen im Hotel Alta Villa mit Pool, sind frisch geduscht, frohen Mutes und freuen uns auf ein leckeres Abendessen.

Gestern der Berg – heute das Tal

4. Tag

Spello

Montefalco

- 20 km
- 6 Stunden
- ⇧ ca. 300 m
- ⇩ ca. 150 m

01.08. Spello
Montefalco

01.08./9.03 Uhr, Der Morgeneinkauf Nach einer geruhsamen Nacht sind wir vom Hotel Alta Villa aufgebrochen und machen uns auf in Richtung Montefalco. Jetzt werden wir uns erst einmal im einen Kilometer entfernten Spello Brotzeit kaufen und dann geht's richtig los. Toni will seine Wasserflaschen unbedingt aus der im Führer angegebenen Quelle füllen. Für mich kommt das eigentlich für die gesamte Wanderung nicht infrage. Ich habe mir schon einmal des Trinkwassers wegen eine gewaltige Diarrhoe eingefangen. Darum ziehe ich es grundsätzlich vor, Acqua minerale aus dem Supermarkt in meine Flaschen zu füllen. Es ist sehr angenehm, in der morgendlichen Kühle zu starten.

Das Dörfchen Spello ist wirklich urig und mächtig alt. Genauso urig ist auch der Laden, den wir auswählen, um unser Mittagsmahl zu kaufen. Eine gesunde, gemütliche Verkäuferin schneidet aus einem Wildschweinschenkel hauchdünn Prosciutto auf und wickelt ihn für uns ins Papier. Wir kaufen aus lauter Gier ein riesiges Weißbrot – lecker, wir freuen uns jetzt schon auf den Mittag.

01.08./9.51 Uhr, Vorbei mit der Kühle Das mit der morgendlichen Kühle hat sich bereits erledigt. Das Thermometer zeigt um diese Uhrzeit schon 30 °C und wir verlassen Spello. Spello ist ein entzückendes Dörfchen. Sie hat mich sehr inspiriert, diese kontrastreiche Häuserlandschaft mit den rot-weißen Steinen und den Blumen, die sehr akkurat und sauber nebeneinanderstehen.

01.08./10.00 Uhr, Von der Krankenkasse, der Schuldfrage und anderen Dingen Als wir an diesem 1. August auf einer Teerstraße Spello in Richtung Montefalco verlassen, denken wir über viele Dinge nach. Eben beispielsweise über die Bergsteiger, die damals am Nanga Parbat einen Kameraden verloren haben, weil er in eine Gletscherspalte gestürzt ist. Die anderen beiden wurden mit aufwendigen Hilfsmitteln, Satellitentelefon und Hubschrauberanflüge, letztendlich gerettet. Aufgrund der Rettungsaktion entstanden Kosten in Höhe von cirka 55 000 Euro. Da stellt sich uns die Frage, wer das denn bezahlen soll. Wo ist die Grenze zwischen dem, was ein Mensch noch tun darf, und dem, was die Solidargemeinschaft abfedern soll?

Ist das nicht auch ein Stück selbst verschuldet? Wo ist die Grenze zwischen individuellem Leichtsinn und der Verantwortung für die Gemeinschaft? Mich würde interessieren, was andere Menschen dazu denken.

01.08./10.37 Uhr Heute geht es immer nur geradeaus, hauptsächlich auf asphaltierten Straßen. Der Weg ist einfacher als der gestrige, aber die Sonne brennt erbarmungslos auf uns nieder und kein Wind will sich regen. Ich laufe schon wieder leicht nach vorne gebeugt, versuche mich immer wieder aufzurichten, mich zu korrigieren, aber mein Rucksack fordert seinen Tribut. Ich stelle mir vor, wie ich in Rom ankomme, nämlich als buckliges, altes Weib. Der Gedanke daran entlockt mir ein kurzes Lächeln.

01.08./12.30 Uhr, Typisches Gespräch zur Mittagspause

»Simone, ich bin für Dich da – Simone.«

»Ich weiß um Deinen schlechten Zustand, tu nicht so!«

»Gar nicht!«

»Du bist ja selber so k.o.!«

»Gar nicht!«

01.08./13.00 Uhr, Von der Liebe und der Partnerschaft Immer wieder stellt sich die Frage: Wann weiß man, ob der Partner, den man findet, der richtige oder falsche ist? Wenn man nach der Pubertät fast erwachsen ist, sucht man hier und sucht man da. Und ist sich bisweilen unschlüssig, ob der Partner, mit dem man aktuell zusammen ist, der Mensch ist, mit dem man sein Leben bestreiten möchte. Woran kann man erkennen, ob dieser für ein Zusammenleben geeignet ist, ein gemeinsames Leben trägt? Da gibt es eine Geschichte von Leo Tolstoi, die im Rahmen der Kreutzersonate erzählt wird. Der Hauptakteur wählt als Beispiel einen Wagen, in dem sich viele, viele Erbsen befinden. Und irgendwann kommst du als Erbse neben einer anderen zu liegen. Dann denkst du: »Na, das muss doch die Richtige sein.« Aber die Wahrscheinlichkeit, dass du in diesem riesengroßen Wagen voller Erbsen genau die findest, mit der du durch ein Leben gehen kannst, das dich zufriedenstellt, das dein Potenzial ausschöpft, ist doch sehr gering.

Aber wenn man neben einer Erbse in diesem Lastwagen zu liegen kommt, dann ist ja die Erbse immer gleich grün, nahezu gleich groß, gleich rund. Es ist eigentlich egal, neben welcher Erbse man liegt. Die eine ist halt ein bisschen runder, die andere ist ein bisschen grüner und die nächste hat halt eine kleine Delle. Aber im Grunde sind sie mehr oder minder gleich.

Ja, aber es geht in der Geschichte nicht darum, Erbsen dahingehend zu betrachten, wie unterschiedlich sie sind. Es geht vielmehr darum, dass es quasi beliebig viele Menschen gibt und man nicht wirklich die Chance hat, jeden einmal zu treffen, um festzustellen, ob er der Richtige ist. Es geht um die riesige Anzahl, nicht um die Beschreibung der Erbsen. Verstehst Du das …?

Ich versteh das schon und ich sehe es beim Menschen auch ganz genauso. Es gibt Männlein und Weiblein und im Prinzip sind alle mehr oder minder gleich – mal dicker, mal dünner, mal intelligenter, mal dümmer … Aber prinzipiell glaube ich, dass man, wenn man mit sich selbst zufrieden ist, mit nahezu jedem Partner leben und es sich schön machen kann. Und wenn man auf die Wünsche des anderen eingeht und Anteil nimmt an seinem Leben, denke ich, dass man mit jedem/jeder die erfüllte Liebe leben kann.

Das heißt aber doch, es gibt keinen richtigen und keinen falschen Partner, sondern immer nur den

Partner und das, was man mit ihm daraus macht, ist das Richtige, oder?

Ob es das Richtige ist, kann ich Dir auch nicht hundertprozentig sagen. Ich vermute es halt, es ist meine Einstellung.

01.08./14.00 Uhr, Vom Wasser Normalerweise ist es ja so, dass man nahezu zwei bis drei Liter Flüssigkeit am Tag zu sich nehmen soll und Teile davon wieder ausscheidet. Bei dieser Hitze und bei der fatalerweise fast absoluten Windstille, Temperaturen um die 35 Grad, verhält sich die Geschichte etwas anders. Man nimmt täglich etwa vier bis fünf Liter (pro Person!) zu sich, und nur ein sehr geringer Teil verlässt den Körper wieder über den Weg der Toilette. Im Detail bedeutet das: Es wird sehr viel Wasser in direkter Form in Schweiß umgesetzt. Den ganzen Tag über rinnen Schweißperlen über die Nase, über die Augen, über die Wangen, über den Rücken hinab.

01.08./14.10 Uhr, Durst Wie immer treten jetzt die ersten Dursthalluzinationen auf. Man sehnt sich nach zehn Campari-Soda oder einfach nur nach fünf Lemonsoda, aber auch vier Weißbier mit jeweils einer Scheibe Zitrone würden dem Durst den Garaus machen.

01.08./14.30 Uhr, Das Leben ist manchmal nicht schön Manchmal ist das Leben nicht schön. Im Moment ist es nicht schön. Der Rucksack ist schwer, die Hitze ist sengend und S. fehlt mir, fehlt mir so sehr.

01.08./15.30 Uhr, Alles, was kühl macht! Auf den Berg hinauf nach Montefalco, ca. 350 Höhenmeter – Simone, was macht alles kühl?
Kühl macht z.B. ein Kühlschrank oder Eiswürfel, eine Klimaanlage, Schatten, die Nacht, ein Funktionshemd (was Toni bestreitet), ein Pool, ein Meer, Nebel, Schnee, ein Gewitter, eine Brise, Deutschland im Sommer. Alles meilenweit entfernt!

01.08./16.00 Uhr, Von einem neuen treuen Gefährten In Assisi hat sich ein alter Bekannter als Gefährte für die Wanderung bei uns eingeschlichen. Anfangs waren wir etwas skeptisch, ob er diesen weiten Weg wird durchhalten können. Aber er hat uns schnell davon überzeugt, dass er ausdauernd und wenig anspruchsvoll ist. Geschwind haben wir ihn an Simones Rucksack befestigt und sie trägt ihn nunmehr mit auf unserer Reise durch Umbrien bis nach Rom hinein. Pinocchio ist bei uns und freut sich über jeden Schritt, den wir mit ihm gehen, denn seine Nase wird immer kürzer.

01.08./16.50 Uhr, Die Geschichte der Mülltonnen Immer wenn wir in der Türkei sind, empfinden wir es als besonders eklig, an Mülltonnen vorbeigehen zu müssen. Diese sind dort meistens offen und häufig springen urplötzlich mit lautem Geschrei hässliche, verwahrloste Katzen heraus. Hier sind die Tonnen wenigstens zu, aber stinken tun sie genauso. Deswegen stellen wir beim Anblick einer Mülltonne schon automatisch von Nasenatmung auf Mundatmung um.

01.08./17.00 Uhr, Wir erreichen Montefalco Toni fragt mich jeden Tag, was denn mein Highlight des Tages sei. Wenn ich so drüber nachdenke, dann finden sich viele Höhepunkte, zum Beispiel mittags, wenn ich die Decke aufschlage und meinen Rucksack weglegen kann. Das ist ein Highlight, genauso wie ein kühles Sprite trinken zu dürfen. Aber heute ist das besondere Highlight das Ankommen, das Ankommen in Montefalco. Das ist vielleicht auch ein Stück Lebensphilosophie – »Ankommen«. Man irrt über Wege, man schaut und will immer irgendwo ankommen, man verläuft sich unterwegs und ist ungeduldig bis ans Ziel. Ich glaube, »Ankommen« ist auch im richtigen Leben ein Highlight.

01.08./17.00 Uhr, Wir erreichen Montefalco Fazit des zweiten Tages: Die heutige Route ist sicherlich landschaftlich bei Weitem nicht mit dem vergleichbar, was wir am ersten Tag von Assisi über den Subasio nach Spello erlebt haben. Der Weg führt notgedrungen durch das Tal. Übrigens kann man in der Früh in Spello schon in der Ferne Montefalco auf dem Berg thronen sehen, sofern das Wetter mitspielt. Damit weiß man schon in etwa, in welche Richtung es geht. So marschiert man also durch dieses fruchtbare Tal, das relativ dicht besiedelt ist und in der Nähe von Foligno auch sehr viel Industrie aufweist. Darum ist es durchaus eine Kunst, einen vernünftigen Weg durch dieses Tal zu finden. Die Strecke dürfte etwas mehr als 20 Kilometer betragen. Man kommt aber, da es eben ist, relativ zügig voran. Wir haben etwa um 9.30 Uhr Spello verlassen und Montefalco um 17.00 Uhr erreicht, wobei wir Pausen von über eineinhalb Stunden eingelegt haben. Nicht unterschätzen darf man jedoch, vor allem bei diesem sommerlich warmen Wetter, den Schlussanstieg nach Montefalco hinauf. Dort muss man auf den letzten 400 bis 500 Metern doch noch eine erhebliche Steigung überwinden. Wichtig ist auch hier die Einteilung der Flüssigkeit. Die mitgenommenen 4 ½ Liter haben wir großteils erst nach der Mittagspause getrunken und ich denke, diese Planung macht Sinn.

01.08./21.30 Uhr, Schlafen Das Schlafen auf dieser Wanderung ist von einer sagenhaften Traumlosigkeit. Der Körper braucht wohl sämtliche Energien, um das zu reparieren, was tagsüber kaputtging. Ich habe nicht mal mehr die Energie, von irgendetwas zu träumen. Um 7.00 Uhr klingelt der Wecker. Ich denke mir: »Ich habe doch noch gar nicht geschlafen und jetzt soll es schon wieder weitergehen?« Das ist Wandern in Italien!

■ **Montefalco** Imposant auf einem Hügel gelegen, kann man von Weitem schon die sehr gut erhaltene Stadtmauer sehen. Sie ist aus dem13. Jahrhundert. Betreten kann man die Stadt durch insgesamt vier Tore. Sehenswürdigkeiten sind die Kirche Santa Chiara und die Kirche San Francesco aus dem 14. Jahrhundert. Wenn Sie sich für Kunst begeistern, finden Sie dort die Pinakothek mit Gemälden und Werken von Benozzo Gozzoli und Perugino.

Außerdem können Sie das Rathaus an der Piazza del Comune, die Kirche Sant' Agostino oder die romanische Kirche San Bartolomeo besichtigen. Den Namen Montefalco, zu Deutsch »Falkenberg«, erhielt Corrosone, so hieß Montefalco früher einmal, von Kaiser Friedrich II. Dieser ging hier oft auf Falkenjagd. Auf dem Stadtwappen prangt heute noch das Symbol des Falken.

Unglaubliche Hitze – herrliche Natur

5. Tag

Montefalco
Spoleto

25 km

7 Stunden

⇧ ca. 140 m

⇩ ca. 270 m

02.08. Montefalco
Spoleto

02.08./7.00 Uhr, Vom Schlafen – oder besser: Vom Nichtschlafen! Lag es an der unerträglichen Hitze im Zimmer, der durchgelegenen Matratze oder der Straßenlaterne, die durch die Tür hereinschien, den vielen Mücken, die im Zimmer umhersausten, oder dem unerträglichen Durst? Nicht zu vergessen das unheimlich knarrende und quietschende Geräusch, als wenn eine Klosterschwester zur Buße die ganze Nacht eine Stahltür auf- und zuschieben müsste. Welche dieser Komponenten uns tatsächlich um den Schlaf brachte, lässt sich nicht mehr feststellen. Wahrscheinlich lag es an der Summe aus alldem. Jedenfalls ist es jetzt Samstag, 2. August, 7.00 Uhr morgens. Und egal, wie schlecht wir geschlafen haben, es geht vorwärts. Beim Wandern wird das Leben ganz einfach: Man denkt ans Essen, sehr oft ans Trinken, ans Schlafen und wieder ans Essen. So ist also eine Pilgerwanderung nach Rom!

02.08./9.00 Uhr Korrektur, was die Temperaturen angeht: Es hat am gestrigen Tag cirka 40 Grad gehabt und heute wird es nicht wirklich kühler.

02.08./9.34 Uhr, Spannung und Vorfreude Wir starten ein bisschen später, weil wir noch im Supermarkt waren und uns fürs Mittagessen eingedeckt haben. Mir kommt es vor, als ob ich zwanzig Kilo mehr im Rucksack hätte – wahrscheinlich ist das auch so. Toni kauft vier Bananen und Oliven, Weißbrot, Salami, Nektarinen und einen Haufen, Haufen Wasser. Es ist jetzt am Morgen schon so heiß, dass ich ohne jegliche Bewegung durchgeschwitzt bin. Aber ich bin gespannt auf diese Etappe und was der Tag heute wohl bringen wird.

02.08./9.40 Uhr, Gastwirtin Emanuela Zu Emanuela: Unsere Gastwirtin, eine quirlige Italienerin, vielleicht Mitte 50 – ich kann es nicht so genau sagen –, empfing uns gestern Abend mit einer herzlichen, wild rudernden Armbewegung und zeigte uns stolz ihr schönes Haus. Wir hatten es ganz für uns alleine – vier Zimmer, Küche, Bad, Esszimmer. Es ist ein wunderbar ausgestattetes italienisches Haus und Emanuela ist sehr hilfsbereit. Heute Abend werden wir in ihrem zweiten Gasthaus in Spoleto übernachten, wo sie schon auf uns warten wird.

02.08. / 10.35 Uhr, Über meinen Vorsatz »Nicht mehr jammern« Vor einer Minute habe ich beschlossen, heute den ganzen Tag über nicht zu jammern, weder über meine schmerzenden Füße noch über meine aufgescheuerten Schlüsselbeine, noch über den schweren Rucksack, über die Hitze, darüber, dass es mir schlecht geht. Alles Schlechte und Bejammernswerte wird heute ausgeblendet. Denken kann ich es ja, aber sagen tu ich es nicht :-).

02.08. / 11.00 Uhr Ich habe Toni über seine Essgelüste befragt und ob er denn überhaupt welche habe. Er unterstellt mir nämlich, dass mein Körper Oliven braucht, nur weil ich seit zwei oder drei Tagen tierisch Lust auf diese leckeren Dinger habe. Über diese Frage bin ich zu einer Erkenntnis gekommen: Ich glaube, dass wir viel zu weit weg sind von dem, was uns der Körper sagt, und die Signale, die er aussendet, nicht wahrnehmen, weil so viel außen herum stört. Nahrungsmittel, auf die man Lust hat, sollte man doch auch essen – aber bitte nicht gleich im Übermaß. Vielleicht ist ja doch was drin, das der Körper im Moment dringend benötigt. Toni hat mir übrigens geantwortet: Ihn gelüstet es nach einer kühlen Blonden – einer Maß Bier!

02.08./11.10 Uhr, Liebeserklärung an Simone
Was ich an Simone liebe: Ich liebe an Simone, wenn sie nachts im Bett liegt und schläft und dabei ein leichtes Lächeln ihre Lippen umspielt. Wenn Sie morgens aufsteht und ganz verträumt, verschlafen und übernächtigt an den Frühstückstisch tapst, ihre Beine auf die Eckbank hochlegt und sich mit dem Rücken an den Kühlschrank lehnt, um mehr schlafend als wachend das Frühstück zu genießen, das ich ihr zubereitet habe. Anschließend tippelt sie zur Couch, um sich mit der Schlafdecke zuzudecken. Noch einige Minuten Schlaf können nicht schaden, sagt sie.

02.08./13.30 Uhr, Ruhe kehrt ein Die flirrende Hitze über der umbrischen Landschaft setzt uns ganz schön zu. Uns ist gerade aufgefallen, dass wir heute noch gar keine philosophische Diskussion geführt haben. Das liegt wohl daran, dass sich die Gedanken allmählich beruhigen. Vor ein paar Tagen war ich noch von Unruhe erfüllt. Aber die Gefühle legen sich und das Gehirn denkt nur noch in Nahrungseinheiten, misst Distanzen in Kilometern und Schweiß in Litern.

02.08./13.30 Uhr, Gott Heute haben wir noch gar nichts Wesentliches zu Papier gebracht. Das lässt sich auch begründen, denn es ist einfach unglaublich heiß. Wir gehen in einer Senke von Montefalco nach Spoleto, haben gerade die Mittagspause hinter uns. Kein Lüftchen regt sich. Es soll noch heißer sein als gestern. Und da hatte es immerhin schon 40 °C. Außer uns beiden Dummköpfen bewegt sich niemand hier draußen. Und wir beide marschieren auch noch zu Fuß von A nach B. Unglaublich! Als wir in der Mittagspause so dalagen und die Salami, die Semmel, die Tomaten und die Oliven verspeist hatten, kamen wir auf den lieben Gott zu sprechen. Ob Gott sich für uns als Menschen, für uns und unser Leben eigentlich interessiert? Simone meint:

»Nein. Der liebe Gott lässt es laufen, den interessiert nicht, was wir tun, was wir treiben. Er stößt das Leben vielleicht in irgendeiner Form an und dann ›blubbert‹ es so vor sich hin und jeder ist selbst verantwortlich für sein Tun oder Nichtstun.«

Auf die Frage, ob es am Ende des Lebens denn einen Gott gebe, der – wie man landaus, landein hört – in Gut und Böse unterteilt, sagt Simone:

»Nein, ich kann mir nicht vorstellen, dass es einen Gott gibt, der urteilt und unterteilt, kategorisiert.« Überhaupt scheint es mit Gott so zu sein, dass wir ihn uns nach unserem Bilde schaffen, um unserer Existenz, unserem Leben irgendetwas abringen zu können. Und wir haben noch eine andere Idee: Sind wir vielleicht selbst Gott? Schließlich wurden wir ja laut Überlieferung nach seinem Ebenbild erschaffen. Wäre es dann nicht notwendig, dass wir uns Gott besonders widmen, weil wir Gott selbst sind? Die Menschen – unendlich viele Manifestationen von ein und demselben Daseinszustand? Eine Frage, die uns sicherlich noch weiter beschäftigen wird.

02.08./13.45 Uhr Toni trottet einige Meter vor mir her. Er sieht von hinten aus wie ein kleiner Junge. Das ist mir gestern schon aufgefallen. Er verjüngt sich von Tag zu Tag. Vielleicht weil sich seine Gedanken ebenfalls beruhigen? Und weil sein Kopf ihn in Ruhe lässt und er an nichts anderes mehr denken kann als an Hitze, Hitze, Hitze! Ich liebe ihn, den kleinen Bub vor mir – sehr.

02.08./13.47 Uhr, Von den Menschen Ich bin überrascht davon, was Menschen so alles tun, wodurch sie angetrieben werden. Menschen, die viel erreichen in ihrem Beruf, Menschen, die alle Energie aufbringen, um eine Firma aufzubauen, Menschen, die im sozialen Bereich tätig sind, um anderen zu helfen, Menschen, die ehrenamtlich tätig sind, Menschen, die Häuser bauen, Menschen, die Wiesen und Äcker bestellen – Menschen wie die, die wir auf den Weinbergen sehen, die Weinreben zurechtschneiden, damit wir ab und an ein gutes Tröpfchen genießen können. Jetzt, bei über 40 °C, steht der Weinbauer in der prallen Sonne und schneidet die Reben zu, damit sie möglichst stark und kräftig werden, damit sie möglichst viel Frucht und hohen Ertrag bringen. Komisch diese Menschen, die alle etwas tun vom Anfang bis zum Ende ihres Lebens! Komische Menschen.

02.08./14.16 Uhr, Spoleto? Spoleto ist in Sichtweite. Toni und ich streiten uns darüber, wann wir es wohl erreichen werden. Ich sage, wir brauchen noch drei Stunden.

»Wie lange? Spätestens 16.00 Uhr haben wir das. Also knapp zwei Stunden, nicht länger.«
»Wir werden sehen, wer recht hat!«

02.08./15.12 Uhr, O Gott, Blasen! Heute Nachmittag entdecke ich mit Schrecken zwei Blasen! Ich habe sie vorher nicht bemerkt, sie schmerzten nicht. Jeweils auf dem kleinen Zeh links und rechts thronen sie obenauf, erbsengroß! Als ich sie wieder samt Füße und Zehen in die Schuhe stecke, tun sie natürlich weh, komischerweise. Wenn man sich also etwas nicht bewusst ist, muss es auch nicht unbedingt schmerzen. Wenn man sich jedoch auf die verletzte Stelle konzentriert, schmerzt sie – logisch, oder?

02.08./15.20 Uhr, Italienische Häuser und ihre Innenarchitekturen Ich frage mich, warum die Deutschen die italienischen Häuser und deren Innenarchitektur so schätzen, schön finden, bzw. warum sie so gerne hierher nach Italien reisen. Es ist sicher die Mischung aus Sonne, Landschaft, Meer. Aber auch die italienische Art, Häuser zu bauen, und insbesondere die Inneneinrichtung liebt der Deutsche, adaptiert sie zuweilen in Reinkultur. Und nicht nur der Deutsche, auch andere Länder wie Österreich, Schweiz oder Frankreich, Spanien, ja sogar Griechenland und die Türkei neigen mittlerweile dazu, etwas im italienischen Stil zu bauen, einzurichten, sich abzuschauen. Transportiert denn das Möbelstück, das Gemäuer ein Stück Lebenseinstellung, ein Stück Lebensfreude mit ins Heimatland? Mir persönlich kommen die Italiener nicht viel lebenslustiger vor als wir Deutsche.

02.08./15.30 Uhr, Vom Wein! Jeden Abend genießen wir ein leckeres Abendessen, trinken natürlich ein, zwei Liter Acqua minerale frizzante und Vino – einen halben Liter, einen Liter –, oft schlicht Hauswein genannt. Trotzdem schmeckt er jedes Mal superlecker. Liegt es am warmen Abend, der lauen Luft, dem Gefühl, etwas erreicht zu haben an diesem Tag? Oder ist der Wein wirklich so lecker? Vielleicht senden die Italiener nur den Wein hinaus in die Welt, den sie selber nicht trinken und nicht mögen! Was mir als Geizhals bei der Weintrinkerei hier in Italien besonders entgegenkommt, ist, dass der Hauswein sehr günstig ist. Gestern Abend haben wir einen Liter Wein für acht Euro bekommen, tags zuvor für einen halben Liter fünf Euro bezahlt. Und dann schmeckt er auch noch superlecker – genial.

02.08./16.00 Uhr, Das spezielle Verhalten einer Frau Eine Frau will immer etwas einkaufen. In jedem Dörfchen oder Städtchen gibt es Geschäfte, in die wir nur kurz reinschauen können. Das ist fürchterlich, denn ich hätte gerne eine Olivenschale oder einen Weinständer für Toni. Ich möchte mir ein Deckchen kaufen, Geschirrtücher oder Klamotten. Egal, irgendetwas, doch leider kann ich nichts mitnehmen. Nicht mal einen Käse oder ein Stück Wildschweinschinken, alles zu schwer, alles Gepäck, alles Gewicht – eine schreckliche Situation für eine Frau!

02.08./17.00 Uhr, Italienische Gastfreundschaft
Jetzt folgt eine positive Bemerkung zu der Gastfreundschaft in den Hotels: Ich finde und fand es sehr schön, dass beim Reservieren der Hotels in Italien das gesprochene Wort noch gilt. Man muss weder ein Fax noch eine Bestätigungs-E-Mail senden, noch irgendwelche Kreditkartennummern hinterlassen, um ein Hotel zu buchen. Die Leute erwarten einen trotzdem – und nicht eine Reservierung wurde »vergessen«. Toll!

02.08./17.57 Uhr, Spoleto Wir erreichen unser neues Zuhause, eine Villa am Stadtrand von Spoleto. Für Simone ist die Waschmaschine das Wichtigste. Als Erstes schmeißt sie mit einer teuflischen Freude alles rein, was sie an Klamotten bei sich trägt. Aber das genügt ihr nicht. Die Trommel dreht sich schon, da mustert sie noch einmal alles, was wir dabei haben, und fragt ständig: »Soll man das nicht auch waschen? Soll man das nicht auch waschen?« In Spoleto ist der Waschwahn ausgebrochen. Und jetzt sitzt sie vor der Waschmaschine und sieht ihr dabei zu, wie sie – porentief rein – unsere sieben Sachen wäscht.

02.08./18.05 Uhr, Bemerkung zum Ende des 5. Wandertages Wie es mir geht? Heute ist ein Tag, an dem ich mich sehr ruhig fühle. Die letzten Monate, Brücken, Häuser, Wege, ebenso die Dörfer, die wir hinter uns lassen, rücken in immer weitere Ferne. Die Mühlen in meinem Kopf drehen langsamer. Meine Gedanken fühlen sich nicht mehr so aufgewühlt an. Toni und ich führen immer wieder lange Gespräche über die Liebe und das Leben und den rechten Weg. Ich glaube, ich befinde mich wieder auf dem rechten Weg. Zum Ende eines Pilgertages fühle ich mich jedes Mal gleich: Bevor wir unser Ziel erreichen – vielleicht eine halbe Stunde, eine Stunde vorher –, meine ich, es nicht mehr zu schaffen. Mein Körper streikt, meine Waden schmerzen, meine Oberschenkel brennen und ich denke: »O Gott, das ist ja eine Gewalttour, wann hört das denn auf?« Dann stärken wir uns noch einmal oder setzen uns in den kühlen Schatten und trinken etwas. Daraus schöpfe ich Kraft für die letzten Kilometer. Dabei denke ich oft an den Ausspruch meiner besten Freundin Meggie, die sagt: »Wandern ist wie Beten mit den Füßen.« Im Moment kommt es mir nicht gerade vor wie Beten, sondern ich wehre mich immer noch gegen die körperliche Belastung. Ich warte sehnsüchtig auf die Stunde, wo das Gehen zum Beten wird und meine Füße einfach nur meditativ nach vorne schwingen!

02.08./21.40 Uhr, Simone lamentiert darüber, warum das Wandern so hart ist

Für mich ist der Rucksack das Schlimmste, besonders morgens, wenn die Brotzeit mit drinsteckt und ich die drei Liter Wasser zusätzlich mit mir rumschleppe. Er wiegt so etwa vier Kilo mehr als gegen Ende des Tages und die hauen mich schier um. Das ist superhart! Das

Zweithärteste ist die Hitze und das Dritthärteste sind die Beine, die irgendwann einmal streiken. Aber das wäre alles nicht so schlimm, wenn der doofe Rucksack nicht wäre.

02.08./21.43 Uhr, Tonis Reihenfolge, was für ihn das Härteste ist

Also, ich finde natürlich auch den Rucksack hart. Der sorgt für eine Belastung, wie man sie sonst in keiner Form zu spüren bekommt. Zudem ist die Hitze enorm. Wir gehen in der Früh los – keine Ahnung, wie heiß es da schon immer ist. Wir sind heute Abend gegen 17.30 Uhr in Spoleto eingetrudelt – bei 39 °C! Ich will mir gar nicht vorstellen, wie heiß es mittags wohl gewesen sein mag. Und du merkst nachmittags einfach, wie es dir deine Kraft »wegbrennt«, wie der Körper Wasser verliert, so dass du dich nicht mehr vernünftig bewegen kannst. Natürlich macht der Rucksack viel aus, nervt auf die Dauer, weil er permanent auf den Rücken drückt. Nicht vergessen sollte man überdies unsere Wanderschuhe, die mir im Laufe eines Tages so auf den Keks gehen! Du glaubst Betonklumpen mit dir rumzuschleppen, in denen du nur noch vorwärtsschleichen kannst. Selig wär's doch,

DB
642 087-1

wenn man leichte Birkenstock anhaben könnte – ohne Socken, einfach zum Dahintraben. Aber gut, wir wollten es so, basta!

02.08./22.30 Uhr, Fazit Tag fünf Die Wanderung von Montefalco nach Spoleto verläuft ähnlich wie die von Spello nach Montefalco. Man gelangt relativ zügig aus Montefalco hinaus. Je näher man an die doch größere Stadt Spoleto kommt, desto schwieriger wird es, einen Pfad zu finden, ohne sich auf größeren Verkehrswegen zu bewegen. Nicht unterschätzen sollte man nach Erreichen des Ortsschildes von Spoleto den Weg zur Unterkunft. Es kann durchaus sein, dass Sie innerhalb von Spoleto noch eine Stunde unterwegs sind, um Ihr Ziel zu erreichen. Und damit hatte ich mit der Ankunftszeit recht …

Steiler Anstieg – grandiose Aussicht

6. Tag

Spoleto
Patrico

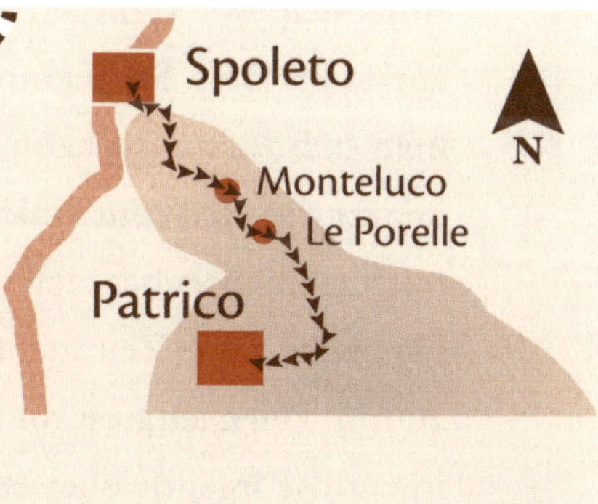

- 11 km
- 5 Stunden
- ⇧ ca. 750 m
- ⇩ ca. 20 m

03.08. Spoleto

Patrico

03.08./5.15 Uhr, Die Nacht in Spoleto Ich träumte gerade von einer SMS, die S. mir schrieb: »Nachtfalter, es tut mir leid, wir sehen uns morgen.« Da bin ich erschrocken aufgewacht und denke verwirrt: O Gott, wie kommt er denn so schnell nach Spoleto?

03.08./8.45 Uhr, Vom Ausruhen Wir haben gerade darüber diskutiert, ob es Sinn macht, den Computer mitzunehmen. Es muss leider sein, denn die Bilder müssen von der Kamera geladen und Texte getippt werden. Unsere ursprüngliche Idee war ja einmal, den Computer mitzunehmen, um abends am Zielort schon mal zu layouten und Bilder zu sortieren. Fakt ist jedoch: Wir kommen am Abend an und legen uns zuerst ins Bett. So beginnt das aktivste Ausruhen, das man sich vorstellen kann. Du legst dich aufs Bett und denkst dir: »Ich muss mich jetzt ausruhen, ich muss mich jetzt ausruhen, ich muss mich jetzt ausruhen.« Da bleibt keine Zeit mehr, um irgendetwas anderes zu tun. Hernach hast du nur noch den Wunsch, irgendwie irgendwoher etwas zu beißen zu kriegen –

mangiare, mangiare, mangiare. Um 22.00 Uhr bist du hundemüde und schläfst sofort ein.

03.08./9.00 Uhr, Von Hausversetzern Gestern wies uns der Sohn von Emanuela Brizi, das ist die Dame, die uns in Montefalco schon als Gastwirtin empfangen hat, freundlich in die Stadtvilla ein. Dort stand auch eine Waschmaschine und ich bin vor Glück schier in die Luft gehüpft. Es war ein tolles Haus, riesengroß – erneut für uns allein. Und kühl, das war das Wichtigste. Alles in allem liegt eine sehr geruhsame Nacht hinter mir. Toni bereitete das Frühstück zu und nun sind wir auf dem Weg nach Patrico, einem Bauernhof. Tonis Stimmung ist heute nicht besonders gut, obwohl er gut geschlafen hat. Wahrscheinlich liegt es daran, dass uns die Hausherren versetzt haben und wir deshalb auf den Stempel in unserem Pilgerpass verzichten mussten. Das ärgert ihn sehr. Oder was weiß ich, was für eine Laus ihm über die Leber gelaufen ist.

03.08./10.30 Uhr, Von der Abwechslung des Wohnens Ich genieße auf der Wanderung die Abwechslung des Wohnens. Es ist tatsächlich ein großer

Kontrast, ob man in einer Stadtwohnung übernachtet oder in einem Landhaus. Heute Abend werden wir auf einem Bauernhof schlafen. Das wird nochmals anders werden. Ich bin gespannt darauf. Im normalen Alltag nehme ich die Kontraste der verschiedenen Hotels nicht so wahr, obwohl ich viel unterwegs bin. Vielleicht sind die Unterschiede nicht so groß oder man ist zu wenig sensibel dafür, weil andere Dinge wichtiger sind als eine gute Atmosphäre oder ein tolles Bett. Man genießt eher die Angebote außerhalb der Hotels. Hier ist das anders, weil man abends erschöpft ins Bett fällt.

03.08./10.30 Uhr, Geld Vor zwei Tagen wollte Simone schon mal über das Thema sprechen: Wann ist man als Mensch frei, was ist Freiheit? Noch haben wir dieses Thema nicht ausreichend durchdrungen, aber ich glaube, dass Geld ein Stück weit dazu da ist, sich die Freiheit zu nehmen, die man haben möchte. Das ist überhaupt so eine seltsame Geschichte mit diesem Geld, dem man sein ganzes Leben widmet. Man versucht sich über die Schul-, Berufs- oder Hochschulausbildung möglichst viel Wissen anzueignen, um es in einem Beruf einzusetzen, der wiederum mit Geld honoriert wird.

So verbringt man mitunter zehn, elf Stunden des Tages damit, Geld zu verdienen. Das ist die erste Hälfte eines normalen Tages, weitere sieben bis acht Stunden vergehen buchstäblich im Schlaf. So beherrscht das Geldverdienen unseren Tagesablauf. Wir versuchen, durch neues berufliches Potenzial das Geld zu vermehren. Aus meinem Leben kenne ich das so: Als ich Student war, hatte ich praktisch kein Geld zur Verfügung und schaffte es auch, mein Auskommen zu erzielen, zu wohnen, zu leben usw. Dann begann ich zu arbeiten, verdiente das erste Mal so richtig Geld und interessanterweise veränderte das mein Leben nicht dramatisch. Eine Anschaffung hier, eine Anschaffung da. Vielleicht ein Auto, vielleicht eine Eigentumswohnung, vielleicht ein Haus und – schwups – ist das schwerverdiente Geld wieder weg. So kämpft man sich durchs Leben. Vielleicht mit der Vision, einmal so viel Geld zu haben, dass es sich bequem davon leben lässt. Aber irgendwie kommt immer etwas dazwischen. Eine andere Idee: Ich habe oftmals darüber nachgedacht, ob es nicht besser wäre, wenn jeder bei Geburt bei »Null« anfinge. Es gibt Menschen, die ganz andere Voraussetzungen haben, weil sie eine Menge Geld mitbekommen, weil sie Eltern haben,

bei denen Geld keine Rolle mehr spielt. Ist das nicht ungerecht? Unsereins strampelt sich ein Leben lang ab, um zu ausreichend Geld zu kommen, und andere starten gleich mit einer ganzen Menge davon. Wie hätten wir's denn gern, wie macht man es richtig mit dem Geld? Leider kann ich nur formulieren, wie man es nicht machen sollte.
Es ist sicher falsch, in einem Job zu bleiben, der einem nicht gefällt, nur um des lieben Geldes willen. Einige Bekannte von uns machen sich täglich mit großem Missmut in die Arbeit auf, um mit noch größerem Missmut zurückzukehren. Das kann es nicht sein! Auch mache ich mir ernsthafte Sorgen, ob wir das, was wir in die staatliche Rente einbezahlen, tatsächlich auch wieder herausbekommen. Wir sind die Generation, die immer weniger Nachkommen zeugt und die meisten Rentner haben wird. So kann es nicht funktionieren. Wir werden von der Rente nicht leben können. Was bleibt also? Vielleicht die beiden Komponenten, die ich langfristig als wesentlich erachte. Erstens: auf die Geldausgaben achten! Auch wenn es bedeutet, Dinge, die man glaubt, unbedingt haben zu müssen, doch nicht zu kaufen. Denn bei genauerer Betrachtung sind sie meist doch entbehrlich. Und

zweitens: regelmäßig Geld sparen. Denn fest steht: Vor allem die langjährige Geldanlage macht Sinn und bringt Ertrag. Wenn man 40 Jahre Geld privat anspart, ergibt sich irgendwann eine stattliche Summe, da kann man fast nichts mehr falsch machen.

03.08./11.00 Uhr, Über langjährige Beziehungen

Man denkt im Laufe der Zeit, wenn man so lange zusammen lebt, eigentlich nicht mehr an die Anfänge zurück. Zurück an das, was man zusammen erlebt hat, worüber man sich zusammen gefreut hat, über Liebe, Leidenschaft, Sehnen, Schmetterlinge im Bauch. Sich Zeit nehmen, den anderen stundenlang anschauen, ihm von den Lippen ablesen, ihn küssen und anfassen. Nicht merken, wie die Zeit vergeht, zusammen zu fliegen. All das geht unter im Beziehungsalltag, der natürlich auch seine Annehmlichkeiten hat. Zum Beispiel, dass man es sich schön macht, ein Haus kauft, eine Familie gründet, die Freizeit gestaltet. Beziehungsalltag ist zum anderen aber leider auch, dass man einander so vertraut ist und damit zu kumpelhaftem Umgang neigt. Ich denke, wer auf Dauer glücklich sein will, sollte darauf achten, dass die Flamme, die am Anfang brennt, nicht erlischt.

Auf keinen Fall sollte man den Partner als Kumpel betrachten, sondern ihn immer wie einen Liebhaber behandeln. Man muss sich selbst interessant und schön finden, immer wieder neue Beziehungs-Highlights setzen, ihn / sie überraschen und ungewöhnliche Ideen – wie am Anfang einer Beziehung – ausleben. Ich glaube, wenn man ein Leben zu zweit lebt, ist die Abwechslung das absolut Wichtigste. Während ich das so schreibe, frage ich mich natürlich, ob das überhaupt umsetzbar ist, was ich da denke. Denn Nähe und Vertrautheit werden durch das Zusammensein automatisch wachsen. Vielleicht ist es auf Dauer gesehen die Prise zusätzlicher Aufmerksamkeit, die ein Liebender mehr verdient als der Kumpel.

03.08. / 11.14 Uhr, Aufgefallen Was mir auf dieser Wanderung auffällt, ist ganz klar dieses »heilige«, also nicht scheinheilige, sondern wirklich »heilige Gefühl«. Wir gehen ziemlich oft an Kirchen vorbei, seien sie nun verlassen oder frisch renoviert, gut besucht oder abgelegen. Überall, wo wir schlafen, hören wir ganz nah Kirchenglocken und Glockenspiele. Es ist Balsam für die Seele – auch für Nichtgläubige – wir spüren eine gewisse Reinheit, die vom Glockenklang ausgeht.

03.08./11.17 Uhr, Vom Bösen Ich habe mal gehört: »Bös' ist nur, wer Böses tut«. Was ist »böse«, wo ist die Grenze? Ist es böse, jemanden zu lieben? Ist es böse, jemanden anderen zu lieben? Ist Liebe böse? Diese Gedanken gäben Raum für eine lange Diskussion. Sie finge bei der Liebe an und endete wahrscheinlich mit der Moral.

03.08./11.30 Uhr, Das ewige Thema Schuhe Dieses Thema begleitet uns schon seit dem ersten Tag auf dem Subasio. Toni war sehr eifersüchtig, weil ich die Schuhe mit S. gekauft habe. Jetzt habe ich die gerechte Strafe dafür bekommen: Meine Blasen schmerzen sehr. Die Schuhe sind mir etwas zu klein. Den Schuh, den ich mir allerdings die letzten Monate angezogen habe, der war viel zu groß für mich.

03.08./11.45 Uhr, Zum Thema Weg Ich finde es viel angenehmer, wie jetzt steil bergauf zu steigen, im Schatten ohne Hut und ohne Sonnenbrille zu marschieren. Vor allem spüre ich eine Verlagerung der Schmerzen in den Beinen. Heute ist beim Hochkraxeln mal wieder die hintere Wadenmuskulatur dran. Gestern ging es recht eben, heute steil bergauf

– und da ist komischerweise der Rucksack auch erträglicher. Allerdings rinnt mir der Schweiß in einem Rinnsal hinab, sammelt sich am Kinn und tropft zu Boden. Wir erreichen das Kloster Monteluco. Skurril ist, dass Leute in Campingstühlen direkt vor der Klostermauer sitzen und Zeitung lesen, kurzum Camping machen – wahrscheinlich Tagesausflügler, Sonntagsausflügler!

03.08./14.30 Uhr, Gipfelfreuden Es ist immer das Gleiche: Toni freut sich, sobald es bergauf geht. Mit gewandtem Stechschritt strebt er dem Gipfel entgegen. Wenn er dann vor mir oben ist, strahlt er über das ganze Gesicht. Dieses Gesicht ist unvergesslich und schreit nach vielen Wiederholungen. Im Moment ist es wieder so weit: Wir sind am Gipfel dieses Berges mit dem Kloster angelangt und erreichen bald unsere Herberge, einen Bauernhof im Besitz der Familie Bartoli in Patrico. Es ist sehr schön hier, die Aussicht ist allemal fantastisch. Da kann ich Toni natürlich verstehen. Aber muss es denn immer bergauf sein?

03.08./14.40 Uhr, Was man alles essen kann, wenn es so warm ist Als wir weiter nach Patrico marschieren, fällt uns ein, dass es eigentlich viele leckere Dinge gibt, die wir zu Hause essen, wenn es warm und sommerlich ist. Allen voran einen Wurstsalat oder Schweizer Wurstsalat oder auch einen leckeren »sauren Presssack«, hmmm – ganz fein. Oder einfach einen »Obatzd'n« mit einer Breze dazu, einen frischen Salat mit Putenbrust oder vielleicht Speckstreifen und Champignons. Dazu gibt's immer ein Weißbier oder eine Russenmaß oder eine Radlermaß, lecker!

03.08./14.45 Uhr, Zicken rund um die Uhr Ich halte fest: Toni ist heute eine Zicke, er zickt den ganzen Tag und redet dummes Zeug. Wahrscheinlich steigt ihm die Pilgerreise zu Kopf!

03.08./18.00 Uhr, Fazit Wir sind um 10.00 Uhr in Spoleto gestartet und haben uns – auch sonntags – wie immer mit Wasser und Essen versorgt. Gegen 12.00 Uhr sind wir am Kloster Monteluco angekommen. Eine halbe Stunde später war Mittagspause angesagt (für eine gute Stunde). Dabei haben wir den Blick über die weite Landschaft genossen. Anschließend ging's hinauf nach Patrico zur Unterkunft Bartoli, wo wir um 15.00 Uhr eingetroffen sind.

Der Tag war geprägt von zwei kräftigen Anstiegen: zuerst in Spoleto und dann zum Kloster Monteluco hinauf. Zum Glück ist der Weg schattig, weil er durch einen Wald führt. Sie können danach die herrliche Landschaft genießen und erreichen das wunderbare Kloster Monteluco. Eine Sensation ist definitiv der zweite Teil des Weges, wo man auf einer Landstraße marschiert, während der Blick über das weite Land schweift. Besonders toll ist auch die Übernachtung im Bauernhof Bartoli: Man sitzt auf dem höchsten Berg der Gegend und schaut ringsum hinunter ins Tal, das man in den letzten Tagen durchschritten hat. Der Weg von Spoleto hinauf nach Patrico ist eine der kürzeren Etappen der Wanderung. Zeitig aufzubrechen empfiehlt sich, um nachmittags so früh als möglich in Patrico anzukommen. Der Ausblick von dort ist schlicht und ergreifend sensationell: Als würden Sie auf dem Dach der Welt sitzen und hinunterschauen. In der Ferne ist auch Assisi zu sehen. Am Berg gelegen erkennt man Spello und Spoleto. Ein schöner Überblick über die gesamte bisherige Wegstrecke – einfach nur herrlich!

03.08./20.00 Uhr, Gut Bartoli Als wir abends in Bartoli in den Speisesaal gehen und unser Abendessen gemeinsam mit Kind und Kegel und keine Ahnung wie vielen anderen Leuten einnehmen, erfahren wir, dass auch Richard Gere schon hier war. Also, Sie müssen unbedingt nach Bartoli! Gerne würden wir noch ein paar Tage bleiben, dem Geschnatter der Gänse lauschen, uns ein Pferd ausleihen und in die Berge reiten, das leckere Essen kosten und den Ausblick ins Tal und vieles mehr genießen. Es fühlt sich unbeschreiblich gut an, hier oben auf dem Hang zu sitzen, in die Gegend zu schauen und von netten Menschen umgeben zu sein. Wir fühlen uns wie zu Hause auf diesem Bauernhof. Simone hat schon versprochen, dass Sie wiederkommt, um die bereits gesattelten Pferde im Stall von ihrer Reitkunst zu überzeugen.

Finde den Weg

7. Tag

Patrico

Ferentillo

- 20 km
- 6 Stunden
- ⇧ ca. 300 m
- ⇩ ca. 1100 m

04.08. Patrico
Ferentillo

04.08./10.00 Uhr, Frühstück, die Zweite Ich hatte gehofft, dass irgendwann einmal die Qualität des Frühstücks besser werden würde, insbesondere auf einem Bauernhof. Nach dem exzellenten Abendessen freuten wir uns schon auf ein Frühstücksei, Obst und Melonen, ein leckeres Panini frisch aus dem Ofen. Irgendwie so was, aber nein, es gab Marmelade, Honig, altes Brot, Zwieback, Butter und einen Kaffee, der so stark war, dass mein Herz nun doppelt so schnell schlägt als sonst – auch ohne Anstrengung. Ich freue mich schon auf den Tag, an dem wir wieder mit Genuss frühstücken können.

04.08./10.00 Uhr, Uhrzeiten und Gehzeiten Wir verlassen das Gut Bartoli, um den Berg Monte Fionchi in Angriff zu nehmen. Die Tagestour heute ist etwa 20 Kilometer lang und endet unten im Tal. Wir erhoffen und wünschen uns einen schönen Abstieg. Das Wetter ist uns wie immer wohlgesinnt. Gestern hatten wir 40 °C und heute sieht es sehr nach 42 °C aus. Doch auf dem Berg hier – wir sind auf etwa 1100 Metern – weht ein angenehm kühler Wind, sodass es noch erträglich ist. Aufgefallen ist mir, dass wir jeden Tag ein wenig später losgehen. Während wir von Assisi noch um 8.20 Uhr aufgebrochen sind, liegt unsere Startzeit mittlerweile bei 10.00 Uhr. Woran das wohl liegen mag?

04.08. / 10.14 Uhr, Nachtrag zum gestrigen Abendessen Schon um 17.30 Uhr sehnten wir uns nach dem Abendessen, da wir uns mittags nur ein Tramezzini geteilt und ein bisschen Kuchen von Emanuela verspeist haben. Der nachmittägliche Cappuccino konnte gegen den Mordshunger auch nicht viel ausrichten. Im Zimmer stand »Abendessen ab 19.30 Uhr«. Also machten wir uns so um 19.15 Uhr auf in die Küche und fragten dort eine richtig italienisch aussehende »Mamma«, wann es denn Abendessen gebe. Sie antwortete: »No, no, um 20.00 Uhr gibt es Abendessen im Speisesaal.« Sie begleitete uns in den Saal, der aussieht wie eine Rittertafel – zwei riesenlange Tische stehen dort – und wies uns unsere Plätze zu. Wir saßen noch alleine im Speisesaal und die Minuten bis 20.00 Uhr vergingen sehr zäh. Vor uns standen zwei Liter Wein in einer Flasche mit Ploppverschluss (Toni hat schon angekündigt, dass er einen halben Liter alleine trinken möchte und dieser Wunsch scheint tatsächlich in Erfüllung zu gehen). Wir haben uns gleich Wein und Wasser eingeschenkt, woraufhin sich der Stallknecht zu uns setzte und etwas nuschelte von wegen er sei kein Italiener, sondern Rumäne. So warteten wir zu dritt auf die Mamma, die aus der Küche stob und erst mal mit einem leckeren Antipastireigen aufwartete. Es ging los mit einem mit Gänseleberpastete bestrichenen Brot und weiteren Brotschnitten mit etwas Pflanzlichem drauf. Dann kamen ganz frische Melonen und leckerer Prosciutto sowie Zwiebelkuchen auf den Tisch. O Gott, dieser Zwiebelkuchen – einfach unvergesslich. Und so aßen wir gemütlich, bis nur noch ein einziges Stück Zwiebelkuchen – gedeckt war für fünf Leute – übrig blieb. Da betrat ein Mann mit grauen Schläfen und einem dicken Bauch den Saal, dem man schon von Weitem ansah, dass er der Chef sein muss, so majestätisch schweifte sein Blick umher. Inzwischen nahmen am Nachbartisch quirlige Italiener Platz, zwei unterschiedliche Familien, jeweils am Anfang und am Ende des langen Tisches. Der Chef behielt das Treiben fest im Blick. Scheinbar zufrieden setzte er sich an das Stirnende unseres Tisches, das

frei geblieben war. Wir boten ihm Wein an und er nahm das Angebot an. Zuerst versuchten wir, uns auf Englisch zu unterhalten, was aber gründlich danebenging.
Plötzlich brüllte er in den Saal, ob denn jemand Englisch spreche, aber kein Mensch rührte sich, nicht einmal die jungen Leute. Wahrscheinlich trauten sie sich nicht oder sie wollten einfach nicht. Also scheiterte die Kommunikation leider an der Sprachbarriere.
Eine Ergänzung hierzu: Wir wollten ihm auch Wasser anbieten, was er aber gekünstelt schroff zurückwies und uns gestikulierend klarmachte, dass Wasser zum Waschen da sei und nicht zum Trinken. Dabei blitzten seine Augen schelmisch.
Auf die Antipasti folgte – wie in Italien üblich – die Primi Piatti: ein Nudelteller mit hausgemachten Nudeln. Die Nudeln waren so gelb wie die Sonne – mit Naturspargel bzw. ganz dünnem Feldspargel und Tomatensoße. Wir aßen uns satt und rund. Toni konnte nicht genug bekommen, und als die Mamma erneut mit einer riesengroßen silbernen Schüssel voller Spaghetti heraneilte, schaufelte Toni die zweite Portion in sich hinein. Ich hielt mich vornehm zurück, denn ich wusste, es kommt noch mehr. Tatsächlich folgte als

dritter Gang ein Fleischallerlei – Gulasch, wie ich es selten so gut gegessen habe. Zum Abschluss wurden kleine Kügelchen Fleisch serviert, die wir schon fast nicht mehr hinunterbrachten. Eine Anmerkung noch zum Wein: Es standen insgesamt vier Weinflaschen à zwei Liter auf den beiden Tischen. Nachdem zwei hübsche Italiener an unserem Tisch Platz genommen hatten, begann ein richtiges Wetttrinken. Raten Sie mal, wer gewonnen hat? Der Abend gipfelte darin, dass Toni Herrn Bartoli fragte, ob er die Weinflasche mit aufs Zimmer nehmen dürfe. Der Chef brummte etwas Unverständliches vor sich hin. Wahrscheinlich hat er die Frage nicht verstanden oder er äußerte sein Unverständnis darüber, was Toni nun mit der Flasche anstellen will. Oder er dachte, wir haben ihn falsch verstanden und nehmen Wein statt Wasser zum Waschen her. Jedenfalls war die Flasche heute Morgen fast leer … Nach dem Essen legten wir uns ein bisschen weiter entfernt auf die offene Wiese und schauten über Umbrien hinunter ins Tal, das wir durchschritten haben. Die Lichter flirrten und am Firmament glitzerte ein Sternenzelt, so hell und so klar als wäre die Milchstraße zum Greifen nah. Es war ein sehr schöner Abend, nur leider führten wir wieder schwere Gespräche über Abschied und Liebe. Toni meinte, er fühle, diese Wanderung sei kein Neubeginn, sondern die letzte Etappe unserer gemeinsamen Reise. Das glaube ich nicht, im Gegenteil. Es wird jeden Tag schöner und besser. Wir wachsen zusammen. Aber die Angst kann ich ihm im Moment nicht nehmen, obwohl ich fest an ein Happy-End glaube.

04.08./12.00 Uhr, Promis auf dem Bauernhof Im Speisesaal hängt noch das Bild, das beweist, dass wohl nicht nur Richard Gere, sondern auch Cindy Crawford 1992 bereits auf diesem Gut ausspannte. Schön, dass wir jetzt auch dort waren. Ich glaube aber nicht, dass Bartoli uns an der Wand verewigt, denn da wir so viel Wein »entwendeten«, ist er sicher nicht mehr gut auf uns zu sprechen.

04.08./11.31 Uhr Wir sind an einem Aussichtspunkt angekommen und es ist ein erhebendes Gefühl, hier zu stehen und über die Berge zu blicken. Ich komme mir vor, als ob ich die Natur bezwungen hätte. Gleichzeitig bin ich mit mir im Einklang und empfinde Demut vor dieser schönen Welt. Ich möchte ein

Foto machen, festhalten, was ich sehe und in diesem Moment erlebe. Leider kann man auf Fotos weder Gefühle noch Gerüche festhalten und manchmal – was heißt manchmal, eigentlich immer – verblassen die Erinnerungen im Laufe der Zeit, wenn man solche Fotos betrachtet. Aber ich schieß trotzdem eins.

04.08./11.45 Uhr Wir müssen durch ein Dickicht. Ich habe meine Hosenbeine angezippt und meine Regensachen übergestreift, um dieses stechende Dickicht zu durchqueren. Toni ist mutiger, er versucht's im Kurzarmhemd.

04.08./12.20 Uhr Am fünften Wandertag habe ich das Gefühl, alles im Griff zu haben. Mein Körper reagiert nicht mehr so heftig. Ich bin nicht mehr so kaputt und meine Beine tragen mich wie von selbst. Es ist einfach herrlich, auf schmalen Pfaden inmitten der unberührten Natur zu wandern. Toni geht vor mir, der Wind bläst mir sanft ins Gesicht und kühlt mich. Es ist erhebend, großartig und wunderschön das Leben. Ich atme Leben.

Patrico
Ferentillo

04.08./14.00 Uhr, Von der Mittagspause Haben wir an den ersten Tagen die Mittagspause im Wesentlichen dazu genutzt, um uns im Schatten von der unendlichen Hitze zu erholen, so haben wir zuletzt erfahren, wie erfrischend es sein kann, in der Mittagspause ein kleines Nickerchen zu halten. Wenn möglich, im Schatten eines Baumes – so wie heute Mittag im Schatten einer herrlichen Eiche –, hoch oben auf etwa 1200 Metern mit herrlichem Blick ringsum auf die Berge. Wunderschön lässt sich hier ein kleines Schäferstündchen halten, um danach gestärkt den weiteren Weg in Angriff zu nehmen. Besonders lecker war heute auch das Mittagessen: Wir haben uns von Familie Bartoli Brötchen zurechtmachen lassen, zwei Panini mit Schinken und Käse, Äpfelchen und eine Pflaume dazu. Es hat herrlich geschmeckt.

04.08./14.30 Uhr, Das Schäferstündchen An alle Frauen, die länger verheiratet sind: Wenn ihr einen erotischen Nachmittag und ein Schäferstündchen im gottverlassenen Umbrien verbringen wollt, empfehle ich euch, diesen Wanderweg zu nehmen. Es ist einfach unglaublich, was diese Landschaft in einem Pärchen auslösen kann. Man fühlt sich wie Gotteskinder in freier Natur, die Sonne lugt zwischen den Eichenblättern hervor, ein sanfter Wind weht und die Zeit scheint unendlich zu sein. Solch ein Moment kommt nie wieder, das muss einem klar sein.

04.08./15.00 Uhr Am fünften Tag unserer Reise führt der Pfad steil in Serpentinen nach unten. Man darf den Blick nicht vom Boden nehmen, sonst fällt man auf die Nase. Ich mache mir Sorgen um mein Doppelkinn. Die ganze Zeit nach unten zu sehen – und das schon seit fünf Tagen – macht meine Haut am Hals wohl elastischer. Aber ich denke mir, dafür ist die Cellulite am Bein weg und die Muskeln am Rücken treten hervor. Das ist ein idealer Ausgleich für ein Doppelkinn finde ich.

04.08./15.00 Uhr, Von den Italienern Wenn man sich so wie wir per pedes durch Italien bewegt, erlebt man so allerlei – vor allem erlebt man die Bewohner Italiens. Ein sehr interessantes Völkchen! Besonders beeindruckend ist die hartnäckige Weigerung, eine andere Sprache als Italienisch zu sprechen. Keine Frage – jede Nation hat ihre Sprache, aber in Assisi zum Beispiel wälzen sich jedes Jahr Hunderttausende Touristen aus allen Nationen durch die Gässchen und der »normale« Italiener weigert sich scheinbar beharrlich, mit den Gästen in englischer Sprache zu kommunizieren. Besonders bemerkenswert: Sobald ein Italiener merkt, dass ich der italienischen Sprache nicht mächtig bin, redet er in einem Schwall aus italienischen Worten auf mich ein, als ob ich ein störrischer Esel wäre.

04.08./15.05 Uhr Während ich so den steilen Abhang hinuntergehe, mich also darauf konzentriere, richtig zu gehen, nehme ich mir vor, nicht an S. zu denken. Es gelingt mir nicht immer, aber immer öfter. Ich habe neulich einen Spruch gelesen, der da lautet: Wenn man jemanden vergessen will, heißt das, an ihn zu denken. Also, ich glaube nicht, dass das der richtige Weg ist. Ein anderer Weg muss her, ein Weg hin zur Selbstliebe. Und der führt einen auf den rechten Pfad. Womit wir wieder beim Weg wären, dem Weg hin zur Liebe, zur Selbstliebe, zur Selbstfindung. Auf diesem Weg befinde ich mich im Moment. Zu meiner Liebe wieder komplett zurückzufinden, an die ich schon immer glaubte, an den Anfang unserer Beziehung – dorthin gehe ich. Und am Ziel angekommen, gehen wir den Weg zusammen weiter.

04.08./17.15 Uhr Wir haben unser Ziel La Pila in Ferentillo erreicht und unser Zimmer bezogen. Toni ist schon vor an den Pool gegangen. Ja, dieser Bauernhof, der mehr eine Landpension ist – mittlerweile mit nagelneuen Zimmern –, hat einen Pool! Die letzten Kilometer war ich ziemlich nervig, weil ich die Ankunft einfach nicht erwarten konnte. Außerdem war die Beschreibung etwas ungenau. Da bekam ich einfach Angst, dass wir uns verlaufen haben und alles wieder zurückmarschieren müssen. Jetzt brauche ich erst einmal einen Moment der Besinnung, bevor es an den Pool geht.

04.08./17.15 Uhr, Fazit des heutigen Tages Der Weg um den Monte Fionchi herum ist nicht einfach zu finden. Wir waren auch ab und an verunsichert, ob wir tatsächlich den richtigen Weg eingeschlagen haben. So mussten wir uns durch ein Dickicht quälen und genau abwägen, wo wir weitergehen sollen. Nichtsdestotrotz war es landschaftlich gesehen ein wunderschöner Wandertag. Vor allem die Rast mittags auf 1200 Höhenmetern mit dem Blick hinunter auf das Tal und auf die umliegenden Berge war einfach nur ein Traum.

Patrico
Ferentillo

04.08./22.17 Uhr, La Pila Dieses Anwesen thront wirklich sehr schön über der Landschaft. Als wir ankamen, haben wir uns erst mal die Sachen vom Leib gerissen und uns in den hauseigenen Pool gestürzt. Anschließend lagen wir noch bis zum Sonnenuntergang am Pool. Es gesellten sich einige Männer zu uns. Ich war die einzige Frau unter all diesen Männern. Sie wirkten verrucht, und wir spekulierten natürlich, was die wohl hier machen, so ganz ohne Frauen!

Nach der Erfrischung im und am Pool folgte eine kurze Siesta im Zimmer mit anschließendem Abendessen. Beim Trinken hatten wir die freie Wahl, beim Essen eher weniger. Es gab als Vorspeise wieder die üblichen Antipasti mit Brot, Aufstrich, Melone, Prosciutto, sehr frisch und lecker. Als zweiter Gang wurde Risotto mit grünem Naturspargel serviert. Der Spargel schmeckte köstlich. Dass wir gestern auf Gut Bartoli schon Spargel hatten, trübte den Genuss keineswegs. Als dritter Gang folgten drei verschiedene Sorten Fleisch mit einer gegrillten Tomate, sehr schmackhaft und nahrhaft. Zum Abschluss wurde Obst gereicht. Die Gastgeber sind unverbindlich freundlich, der Vater pflegt die

Außenanlagen und grillt das Fleisch. Die Mutter kocht und die Tochter bewirtet die Gäste. Alles ist sehr sauber und in Ordnung.

Der Poet

8. Tag

Ferentillo
Don Bosco

- 14 km
- 6 Stunden
- ⇧ ca. 1000 m
- ⇩ ca. 100 m

05.08. Ferentillo
Don Bosco

05.08./9.19 Uhr, Jammern übers Frühstück, die Sechste Ich muss leider schon wieder etwas zum Frühstück sagen: Wir sind mal wieder enttäuscht worden. Heute war alles noch ein bisschen spartanischer als bisher – kein Brot, nur Zwieback und Marmorkuchen, eine Butter und Konfitüre. Dafür war der Cappuccino diesmal lecker. Aber kein Saft, kein gar nichts, nichts, nichts, nichts! Das ist so was von kläglich, aber so scheint das Frühstück in Bella Italia nun mal zu sein. Wenn wir die Früchte von gestern Abend nicht aufgehoben hätten, hätten wir heute Morgen kein einziges Vitamin zu uns genommen!

05.08./9.20 Uhr Wir verlassen das Gut La Pila in der Nähe von Ferentillo und machen uns auf den Weg durch das eigentliche Städtchen Ferentillo und durch Monterivoso, um hinauf in Richtung Polino zu gehen und dort in Don Bosco zu übernachten. Was uns heute erwartet sind die übliche Hitze, tausend Meter Bergaufstieg und davor hoffentlich noch der Besuch des Mumienmuseums. Nicht vergessen werden darf, dass wir gestern einen sehr romantischen Abend verbracht haben. Nach dem Abendessen haben wir uns zwei italienische Bier à 0,66 Liter gegönnt – nicht besonders stark, aber immerhin. Wir saßen am nächtlichen Pool und unterhielten uns über Ehe, Liebe, Kompromisse, Weiterentwicklungen. Interessant ist es vielleicht auch, von der Nacht zu erzählen. Nach dem Abendessen haben wir uns das besagte Bier mit aufs Zimmer genommen, wollten uns kurz umziehen und frisch machen, um noch einmal an den Pool zu gehen. Simone stellte das Bier an den Fenstersims, vor das geschlossene Fenster. Ich durfte keinesfalls Licht anmachen, da sonst ja die Insekten »über uns herfallen«. Also weder Licht an noch Fenster auf, damit wir mückenfrei bleiben. Dann ging Simone zur Toilette und beschloss, doch das Fenster zu öffnen. Wobei natürlich das Bier – es waren immerhin 0,66 Liter – klirrend zu Boden fiel! Es roch so, als wohnten wir direkt in einer Brauerei. Trotz aller Versuche aufzuputzen, hatte ich die ganze Nacht das Gefühl, wir übernachten im Hofbräukeller. Was mich persönlich dazu getrieben hat, von Tausenden betrunkenen, torkelnden Menschen zu träumen.

05.08./11.04 Uhr, Ui – Mumien! Wir sind in Ferentillo, Ortsteil Precetto im Mumienmuseum. Die Mumien sind durch einen besonderen Pilz, der die Mikroorganismen der Verwesung zerstört, besonders gut erhalten geblieben. Haut, Haare, innere Organe, alles ist noch dran. Augen, Zunge, Zähne etc. – alles noch da! Es ist sehr beeindruckend, aber natürlich auch sehr gruselig, was nach dem Tod mit einem Menschen so passiert. Und das hat uns zur Diskussion bewogen, was nach dem Tode wohl mit uns geschieht. Und auch: Könnten wir uns »reaktivieren« lassen, indem man uns einfriert, wenn doch die DNA die komplette Kopie des Menschen enthält? Wobei ich der Meinung bin, dass aufgrund der gesellschaftlichen Prägung trotzdem ein anderer Mensch mit einem anderen Bewusstsein entstehen würde, nicht wir selbst. Toni bezweifelt das.

05.08./11.10 Uhr, Vom Leben, vom Sterben und vom Danach Nochmals zu den Mumien. Es ist wirklich erschreckend! Du quälst und leidest und hoffst ein ganzes Leben lang und tust alles, um Freude zu finden, Glück zu finden, Leid zu vermeiden, und am Ende bist du doch tot. Irgendwie scheint das Leben aus diesem Blickwinkel ziemlich sinnlos. Darum hat sich bei Simone und mir in den letzten Tagen der Spruch gebildet »Eigentlich ist diese Wanderung ja Schwachsinn«. Ist dann aber nicht auch das ganze Leben irgendwie Schwachsinn? Zurück zu den Mumien. Die Mönche, die seinerzeit im Kloster lebten, haben exakt Buch über das Leben der Menschen im Dorf geführt, wer gestorben ist und wer begraben wurde. So ist etwa ein Rechtsanwalt mit 27 Messerstichen ermordet worden, liegt aber noch im geschlossenen Sarg, weil seine Nachkommen nicht wollten, dass er geöffnet wird. Interessanterweise hängt einige Meter weiter in einer anderen Vitrine einer seiner Mörder. In dem Gemetzel muss auch er unter die Räder gekommen sein. Jetzt liegen die beiden – damals vermutlich vehemente Kontrahenten – höchstens sieben bis acht Meter voneinander entfernt als Mumien für ewige Zeiten vereint unterhalb der Kirche Santa Stefano.

05.08./11.37 Uhr, Gespräch vom gestrigen Abend am Pool Als wir gestern im Albergo La Pila Abendessen waren, haben die Italiener, wie es immer so ist, ihren Fernseher nebenbei laufen lassen. Ohne dass du willst, musst du einfach hinglotzen. Es kam aber eine sehr interessante Statistik, dass auch in Italien die Anzahl der Scheidungen von Jahr zu Jahr zunimmt. 1995 hatten sie in einer gewissen Region 80 000 Scheidungen und jetzt sind es schon über 130 000 pro Jahr. Das hat Simone und mich dazu gebracht, am Pool über Scheidung, Ehe etc. zu diskutieren. Hier einige Standpunkte, die wir vertreten haben: Zur Scheidung: Ich gehe davon aus, dass es deswegen jetzt mehr Scheidungen gibt, weil:

a) die Menschen finanziell abgefederter sind. Das heißt, es ist nicht mehr so, dass eine Frau nach der Scheidung isoliert dasteht.
b) es sicherlich so ist, dass sich das Image, das früher eine geschiedene Frau hatte, nämlich eher sozial geächtet zu sein, zum Positiven gewandelt hat, sie wird ganz normal in das gesellschaftliche Leben integriert. Liegt es zusätzlich aber auch daran, dass die Partner mit weniger Geduld und weniger Aufeinanderzugehen und Kompromissbereitschaft leben? In dem Augenblick, in dem etwas nicht sofort funktioniert, verlieren viele sehr schnell die Geduld und suchen sich etwas Neues.

Das hat uns dazu geführt, über unsere Kompromissbereitschaft zu reden. Und Simone vertritt den Standpunkt, dass es durchaus möglich ist, mit jedem »normalen« Menschen zusammenleben, sofern man ausreichend kompromissbereit ist und ausreichend in sich ruht.

05.08./12.08 Uhr, Zwischenbemerkung Toni merkt an: »Weil es so steil bergauf geht, überwinden wir relativ schnell viele Höhenmeter.« Ich entgegne: »Dafür fallen wir relativ schnell vom Stangerl.«

05.08./12.20 Uhr, Weiter von Ehe und Scheidung Ich hingegen glaube, dass es auch Situationen geben kann, wo man mit einem Partner nicht mehr weiterkommt, egal wie tolerant man ist, egal wie man sich bemüht. Und in solchen Situationen kann ich mir durchaus vorstellen, getrennte Wege zu gehen. Ich glaube aber, dass viele Menschen das zu leichtfertig tun. Sie arbeiten nicht an sich, nicht an ihrer Partnerschaft, sondern schmeißen alles einfach hin, weil es nicht mehr gefällt. Sie besitzen weder die Leidensfähigkeit noch die Geduld, sich ihrer Beziehung und ihres Lebens anzunehmen – in guten wie auch in schlechten Tagen. Simone hat mir gestern Abend von einer – nennen wir sie mal Uschi – erzählt, die relativ jung verheiratet ist, zwei Kinder hat und in den wenigen Jahren ihrer Ehe schon cirka 20 Affären mit anderen Männern hatte. Wobei gewiss ist, dass ihr Mann das alles nicht weiß und sich sehr wohl und glücklich in seiner Beziehung fühlt. Da lautet meine Frage: Warum tut man so etwas? Soll die Frau dieses Leben, das sie jetzt führt, an den Nagel hängen? Wo soll sie denn hin, wenn sie auch mit ihren Affären nicht längerfristig glücklich wird? Ich glaube, dass viele solcher Dinge, seien es Affären, sei es Alkohol oder seien es Drogen, eigentlich nur Ausdruck einer tiefen Unzufriedenheit und Unruhe, ja sogar einer Urangst sind, die man verspürt. Dann versucht man, sich mit diesen Dingen Befriedigung zu verschaffen. Ich glaube, dass sich die Seele eines jeden Menschen nach Ruhe, einer Zufriedenheit und Vollkommenheit sehnt. Und jeder Mensch sucht woanders: die einen in der Arbeit, andere im Geld, andere mithilfe von Drogen, wieder andere mit Affären. Aber es wird ihnen nie gelingen, dieses bedrückende Gefühl der Leere loszuwerden. Das Leben ist wie ein Weg, den die Seele beschreitet. Und, so Gott will, spürt man am Ende seines Lebens diese Zufriedenheit und Ruhe. Vielleicht aber auch erst im Angesicht einer schweren Krankheit oder des Todes. Dann erkennt man plötzlich, worum es im Leben eigentlich geht und was das Leben soll. Ich denke, das Leben ist ein Weg hin zur Selbstliebe. Wenn man diesen Weg beschreitet, sind Affären wahrscheinlich nicht mehr notwendig und eine Scheidung überflüssig. Wo Liebe ist, da ist weder Leere noch Schmerz.

05.08./12.25 Uhr, Zeit Solch eine Wanderung gibt dir Zeit. Zeit, einen Gedanken zu Ende zu denken. Zeit, dich auf deinen Körper zu besinnen. Zeit, eine Diskussion zu Ende zu führen. Zeit, Essen zu genießen. Zeit, Wasser zu genießen. Zeit, zu fantasieren. Zeit, statt zu träumen, Träume zu leben. Zeit, zu ertragen. Zeit, dich zu quälen. Zeit, die Schweißperlen zu genießen, die du selbst produzierst.

05.08./12.30 Uhr, Nochmals von der Ehe, der Liebe und der Partnerschaft Noch etwas sehr Interessantes haben wir gestern festgestellt: Natürlich lernt man jemanden kennen und ist über beide Ohren verliebt. Das Gefühl ist unglaublich. Aber dieses Verliebtsein sollte sich zu Liebe wandeln, denn sie muss das Alltägliche, Gemeinsame aushalten können, muss die Schwächen und Stärken des anderen erkennen und respektieren. Bei all dem könnte es sein, dass die Beziehung langweilig wird, dass sie beginnt einzuschlafen, dass man aufhört, den Partner für das Beste zu halten, das es auf der Welt gibt. Einige Tipps, um das Beziehungsleben interessant zu halten, könnten sein:

- spontane neue Dinge tun;
- sich gegenseitig überraschen;
- gemeinsam Dinge tun;
- sich attraktiv halten, und zwar körperlich und intellektuell;
- getrennt voneinander Dinge tun um eben Abwechslung in die vertraute Zweisamkeit zu bringen.

Wer sonst sollte einen wieder rausholen aus der entstandenen Langeweile, dem öden, dunklen, leeren Alltag, außer der/die Liebste?

05.08./15.44 Uhr, Einfälle Während wir uns auf den Carpio-Pass hinaufquälen, haben wir zwei Einfälle: Einfall 1: Während wir gestern am Monte Fionchi auf 1300 Metern waren und dann hinunterstiegen auf etwas über 200 Höhenmeter, haben wir heute das Problem, von dort wieder auf über 1000 Meter aufzusteigen. Warum um alles in der Welt kommt kein Mensch auf die Idee, vom Monte Fionchi hinüber eine Hängebrücke zu bauen? Einfall 2: Nach dem Mumienbesuch sind uns spontan zwei Aussagen unseres lieben Freundes Peter eingefallen. Erstens: Keinen schont die Zeit. Zweitens: Einmal ist der letzte Tag.

05.08./16.55 Uhr, Bayerische Vision Wir laufen wieder bergan, den ganzen Tag bergan. Heute nervt es mal wieder. Ich glaube, das habe ich schon öfter gesagt, aber es fordert einen gegen Abend bis zum Letzten. Ich möchte mir gern die Kräfte einteilen. Ich möchte langsamer gehen, weil ich weiß, ich muss noch zehn Tage durchhalten, bis wir in Rom angelangt sind. Mich dürstet es nach einem kühlen Weißbier oder einem Radler. Soeben hatte ich eine Eingebung vom Kyklos in Aichach, eine süße kleine Kneipe, in der ich schon länger nicht mehr war: Ich sah mich dort ein kühles Radler trinken – am Glas perlten Kondenswassertropfen.

05.08./17.30 Uhr, Wir erreichen Don Bosco
Heutiges Fazit: Wir sind um 9.00 Uhr aus dem

■ **Don Bosco** Don Giovanni Bosco wurde als Sohn von Bauern am 16. August 1815 geboren. Sein Vater verstarb, als Giovanni zwei Jahre alt war. Mit neun Jahren hatte er ein Schlüsselerlebnis, das ihn zur Aufnahme des Priestertums veranlasste. Er wollte eine Bande streitender Jungen auseinandertreiben, da sprach ein Mann zu ihm, er solle sich an die Spitze der Jungen stellen, aber nicht mit Gewalt, sondern mit Milde und Güte. Der Bruder Don Boscos, offensichtlich neidisch, verhinderte mit vielen Mitteln den Priesterunterricht, den sich Giovanni selbst verdiente, da er zu Hause auf dem Feld mitarbeiten sollte. Schließlich trennte sich die Familie vom Bruder und die Mutter finanzierte das Studium. Heute kümmern sich die Einrichtungen Don Boscos immer noch um arme und benachteiligte Jugendliche. Sie sorgen europaweit für deren Ausbildung und Studium. Das Haus, in dem wir übernachteten, trägt den Namen des früheren Orden, der hier ansässig war.

Agriturismo La Pila gestartet. Gegen 10.00 Uhr waren wir in Ferentillo beim Einkaufen, um 11.00 Uhr haben wir die Mumien begutachtet. Danach mussten wir uns dringend mit einem Cappuccino und einem Schokocroissant stärken. Anschließend führte der Weg über 1000 Meter nach oben und es war super anstrengend – besonders bei dieser Hitze. Wir haben gegen 13.40 Uhr eine Mittagspause von gut einer Stunde eingelegt und sind dann weiter bergan marschiert. Nachmittags haben wir nochmals für eine Viertelstunde gerastet. Don Bosco war schließlich gegen 17.30 Uhr erreicht. Fazit: Anstrengend, aber landschaftlich sehr, sehr interessant. Die Nachtstation Don Bosco liegt wunderschön an einem Berghang.

05.08./18.30 Uhr Während sich Simone gestern noch kindlich gefreut hat, die einzige Frau am Pool in La Pila zu sein, bin heute ich der König! Es sind nur Frauen anwesend, scharenweise Frauen. Wenn ich ganz grob schätze, würde ich auf den ersten Blick so um die 35 sagen. Und ich bin so ziemlich genau der einzige Mann hier. Ein kleiner Wermutstropfen ist lediglich, dass die Jüngste der Damen wohl nicht dramatisch unter 70 ist. Aber ich finde das ganz sympathisch hier und genieße es, Hahn im Korb zu sein.

06.08./22.00 Uhr, Don Bosco Als wir den steilen Pfad hinaufschritten, fragten wir uns, was Don Bosco wohl sei. Ich vermutete, wahrscheinlich ein Hotel neben einem Kloster. So war es aber nicht, sondern dieses Anwesen muss früher offensichtlich von Mönchen bewirtschaftet worden sein – ein riesiger Komplex mit vielen Zimmern und einem großen Speisesaal, Bar und Terrasse, darunter ein kleines Kapellchen. Es liegt wunderschön am Berg. Die ganze Zeit war Stimmengewirr zu hören, so viel war los. Die Gäste waren im Schnitt über 65, also eher ältere Herrschaften, die dort Erholung suchen und ihre Krankheiten pflegen. Das Zimmer war riesig: vier Betten, Reithallen gleich, wie gewohnt italienischer Standard. Und als wir uns etwas frisch gemacht hatten, gingen wir hinab, um auf das Abendessen zu warten.

Unter einem schattigen Baum stehen ein Steintisch und ein paar Stühle. Auf dem Steintisch lag ein Notizblock. Dort nahmen wir Platz bei einer alten Dame, die selbstredend nur italienisch sprach. Wir saßen da und genossen unseren wohlverdienten Feierabend. Plötzlich tauchte ein älteres Paar auf, vermeintlich ein Ehepaar, obwohl sich später doch das Gegenteil herausstellte. Der Mann setzte sich und sprach uns auf Italienisch an. Wir verstanden zwar kein Wort, aber es war doch irgendwie herauszuhören, dass der Mann wohl ein Poet sein müsse. Zumindest dichtet er gerne und seine Begleiterin schreibt das ins Reine, weil seine Schrift fürchterlich ist (sein Gekritzel konnte wirklich keiner lesen). Und sie hilft ihm auch ein bisschen beim Dichten. Und plötzlich fing er an, sich für mich zu begeistern und über mich ein

Gedicht zu schreiben. Er schrieb und philosophierte und schimpfte, dass wir ruhig sein sollten. Als das Gedicht fertig war, drückte er mir den Zettel in die Hand. Nun habe ich ein italienisches Gedicht nur für mich allein, von dem ich kein Wort verstehe. Es rührt mich sehr. Hier sein Gedicht in übersetzter Form:

Simona

Märchenkind,
Du bist schön und strahlend
und üppig wie die süße Sonne.
Wie die Liebe bist Du schön,
und lässt vergessen.
Auch die schönen Augen, die mich ansehen,
Deine himmelblauen Augen leuchtend wie …
ja, wie die der hungrigen Wölfin,
gearbeitet von Visagisten.
Wie die Sterne in tiefer Nacht
am reinen Himmel,
die wie ein Licht auf das Leben blicken,
auf das Reich der Schönheiten,
von denen Deine eigenen Schönheiten
Teil Deines harmonischen Körpers sind.
Deine Anmut, wenn Du Dich bewegst,
lässt Du erstrahlen die Augen,
die Dich ansehen und lässt sie aus dem Bette fallen.
Deiner Tage bist Du die Mirabelle der Märchenberge.

Mario

Tag der Ungeduld

9. Tag

Don Bosco
Poggio Bustone

- 24 km
- 6 Stunden
- ⇧ ca. 480 m
- ⇩ ca. 900 m

06.08. Don Bosco
Poggio Bustone

06.08./8.10 Uhr, Abendgymnastik? Die Nachtruhe im Don Bosco hatten wir uns ganz gemütlich vorgestellt. Falsch gedacht! Vom Gefühl her war das die lauteste Pension auf unserer bisherigen Pilgerreise. Die alten Herrschaften wollten gestern einfach nicht ins Bett, unterhielten sich lautstark unter unserem Fenster und auf den Gängen – schlicht überall, wo es in diesem ehrwürdigen Haus eine Sitzgelegenheit gibt. Und als sie dann spät nachts in ihren Zimmern verschwanden, schoben sie Tische hin und her. Vielleicht die Abendgymnastik? Früh morgens weckte uns heute statt des Kirchengeläuts eine Kuhglocke unterhalb unseres Fensters.

06.08./8.30 Uhr, Von der Wanderung und vom Leben Das Leben ist wie eine Wanderung. Manchmal geht es bergauf, manchmal geht es bergab, manchmal läuft man in der prallen Sonne, manchmal im Schatten. Bisweilen wird man nass, man hat Hunger, man stärkt sich, man knickt um, vielleicht fällt man. Und doch ist alles darauf ausgerichtet, das Ziel zu erreichen.

06.08./9.40 Uhr, Körper Zur körperlichen Verfassung: Wir regenerieren uns von Tag zu Tag schneller. Nach einer anstrengenden Wanderung wie der gestrigen sind wir schneller wieder fit, möchten uns gerne unter Leute mischen und die Beine schmerzen nicht mehr so. Am Morgen ist alles ein wenig angelaufen. Beine, Füße und Hände funktionieren aber nach wenigen Stunden wieder perfekt. Witzigerweise bleibe ich sehr sensibel, was den Rucksack betrifft. Wenn er nur ein wenig anders beladen ist als am Vortag, spüre ich das sofort, und es dauert schier ewig, bis ich mich daran gewöhnt habe. Es gibt eben Tage, an denen er besser sitzt als heute.

06.08./10.30 Uhr, Teneriffa Ich habe einer weiteren Lüge den Garaus gemacht und Toni erzählt, dass ich mit S. auf Teneriffa war. Ich bin erleichtert und unglücklich zugleich, weil ich es nicht rückgängig machen kann. Aber dieser Weg, den wir zusammen gehen, ist ein neuer Anfang unserer Beziehung und dazu gehört nun mal ein reiner Tisch.

06.08./12.30 Uhr, Demut vor der Natur Heute empfinde ich den Wanderweg als grandios und natürlich. Ich spüre Demut und Dankbarkeit vor so viel Natur. Und ich merke, wie ich mehr und mehr eins mit dieser Natur werde und mehr und mehr »geerdet«. Alle unnötigen Dinge und kreisender Unsinn in meinem Kopf verschwinden langsam. Es ist schön, einfacher zu denken und Wahrhaftigkeit zu empfinden. Wir gehen nach einem Aufstieg über eine wunderbare Lichtung, es ist wie im Märchen »Das letzte Einhorn« oder »Die Elbenwiese«. Wir werden heute richtig belohnt für unsere Anstrengungen. Die Natur rundum ist optisch ein Genuss. Einsamkeit, Stille, nur die Vögel und wir.

06.08. / 13.00 Uhr, Von der Askese Keine Frage, so eine Wanderung hat doch Ähnlichkeit mit einem asketischen Leben. Das gesamte, sonst üppig ausstaffierte Leben ist reduziert auf wenige Dinge: auf einen Rucksack, auf einige notwendige Kleidungsstücke. Den ganzen Tag über bewegt man sich, hat kaum Rast noch Ruh, genießt am Abend die Unterkunft, die Ruhe, das Nachwirkenlassen und natürlich – wir sind schließlich in Italien – das Abendessen und den leckeren Wein. Ich glaube, es ist notwendig, im Leben auch asketische Dinge zu tun, weil sie das Bewusstsein schärfen, weil sie den Geist hellhörig machen für Dinge, die normalerweise selbstverständlich sein sollten. So sehe ich bisweilen auch Sport als eine Art von Askese, zum Beispiel zwei, drei Stunden joggen zu gehen oder sich auf dem Fahrrad die Berge hinaufzuquälen. Dabei spüre ich persönlich einen Entzug vom süßen Nichtstun und das ist bisweilen schön. Entzug steigert eben die Lebensfreude.

Jetzt, da wir beide beruflich sehr eingespannt sind, kann ich ein ganz strenges Fasten, wie ich es früher immer einhielt, leider nicht mehr durchführen. Aber wir haben es uns während der Fastenzeit zur Angewohnheit gemacht, beginnend von Aschermittwoch bis Karfreitag (6 ½ Wochen) auf Alkohol und auf Süßigkeiten komplett zu verzichten. Das hört sich auf den ersten Blick vielleicht ein bisschen müde, vielleicht ein bisschen langweilig an. Probieren Sie es einmal aus. Verzichten Sie auf etwas, das Sie normalerweise immer tun: auf das Fernsehen oder auf das Radiohören, während Sie Auto fahren. Sie werden sehr schnell merken, wie sich eine Gewohnheit zu einer Abhängigkeit entwickelt hat und wie schwer es Ihnen fällt, davon Abstand zu nehmen. Aber Sie werden erleben, dass Sie dadurch stärker werden, und erkennen, dass das Leben mehr als nur das Konsumieren von irgendwelchen Dingen ist.

06.08./16.36 Uhr, Teneriffa, die Zweite Vor dem Mittagessen hat mich Toni noch ein bisschen über Teneriffa ausgefragt, weil ich ihn darauf ansprach, dass er heute so schwermütig auf mich wirkt. Und als ich ihm dann Details über meine Reise erzählte, hörte er mir mit versteinerter Miene zu – ohne eine Gefühlsregung zu zeigen. Ich denke, er kämpft schwer mit sich und seiner Fassung. Ich könnte es verstehen, wenn er mich dafür hassen würde, aber gestern Abend hat er gesagt, er verzeiht mir. Und das ist wunderbar. Er ist wunderbar. Ich habe wirklich das Gefühl, er hat begriffen, was es heißt, wahre Liebe zu leben.

06.08./17.11 Uhr Kurzzeitig waren wir mal wieder drauf und dran, vom Weg abzukommen. Jedenfalls verlor ich die Nerven, weil es 800 Meter steil bergauf ging und sich kein Lufthauch rührte, was die Gluthitze beinahe unerträglich macht. Mir rann der Schweiß über den Körper wie nie zuvor, aber das dachte ich ja schon öfter hier in Italien. Gott sei Dank bewegen wir uns nun sicher auf Poggio Bustone zu. Mein Pulsschlag beruhigt sich und ich fühle mich rasch wieder besser.

06.08./19.00 Uhr Es ist jetzt schon fast 19.00 Uhr und wir haben unser Ziel, die Villa Tizzi, immer noch nicht erreicht. Dabei sollten es von Poggio Bustone laut unserer Wanderroute gerade mal zwei Kilometer bis dorthin sein. Nach etwa einem Kilometer erreichten wir ein anderes Restaurant, das auch als Übernachtungsstation geführt wird. Seitdem laufen wir schon eine geschlagene Stunde und unser Quartier ist immer noch nicht in Sicht. In der Situation zahlt es sich aus, ein Mobiltelefon dabei zu haben. Also rufe ich an und sage: »Hallo, hier Ochsenkühn, wir finden Ihr Hotel nicht.« Woraufhin die Dame in gutem Englisch antwortet: »I am here.« Ich sage: »Where is the hotel?« – »We are here.« Dann sage ich: »Ich bin in der Via Fucile?« Ja, sagt die Dame, ja. »We are here in Hotel Tizzi, five Minutes.« Ich: »Ja, und wir gehen jetzt schon völlig entnervt statt der zwei Kilometer eine Stunde runter vom Berg. Das kann doch nicht sein.« Ich versuche, ihr klarzumachen, dass es wohl Sinn macht, wenn sie uns mit dem Auto abholt.

Woraufhin sie mich fragt, ob ich überhaupt in Poggio Bustone sei. »Aber selbstverständlich bin ich in Poggio Bustone und laufe schon eine geschlagene Stunde in Richtung Rieti! Wo ist Ihr blödes Hotel eigentlich?« Zehn Minuten später werden wir doch mit dem Auto abgeholt. Und wie es der Teufel will, warteten wir ziemlich genau 300 Meter vom Hotel entfernt. So treffen wir erst kurz vor 19.00 Uhr ein. Jetzt freuen wir uns auf eine Dusche und hoffentlich auf eine Hotelwäscherei.

06.08. / 19.30 Uhr, Villa Tizzi Wir sitzen auf einer unglaublichen Terrasse, schauen über das Rieti-Tal auf die gegenüberliegenden Berge, links liegt Rieti – sensationell! Noch sensationeller ist: Wir sind die einzigen Gäste. Als wir gestern telefonisch das Zimmer geordert haben, fragte uns die Hotelangestellte, ob wir auch was essen wollen. Wir: »Na klar wollen wir was essen.« Und jetzt beginnen wir den Sinn der Frage zu verstehen: Sie müssen extra wegen uns die Küche öffnen.

06.08. / 20.30 Uhr Wir sind in der Villa Tizzi die einzigen Gäste. Valentino, unser Gastgeber, ein sicher erfolgreicher Gastronom – wovon die vielen Auszeichnungen an der Wand zeugen –, kocht für uns auf, als wären wir der Papst, der amerikanische Präsident und UNO-Generalsekretär in Personalunion. Wir essen wie die Fürsten, und zwar wirklich nur wir – ganz, ganz allein. Das ganze Hotel gehört uns und Valentino. Der Besitzer ist zwar schon ein bisschen in die Jahre gekommen, büßt aber überhaupt kein Charisma ein. Er muss einmal ein gut aussehender, italienischer »Monaco-Franze« gewesen sein, was seine Bildergalerie beweist. Sie belegt auch, dass er sehr stolz auf seine Villa Tizzi ist. Ein bisschen in die Jahre gekommen ist auch das Hotel. Es ist wunderbar, aber man spürt, dass es bereits bessere Zeiten gesehen hat. Der Grund, warum dort nicht mehr los ist, ist uns unbekannt. Aber vielleicht fliegen die Menschen doch lieber in Donnervögeln in die Karibik und in die Dominikanische Republik, legen sich »all inclusive« unter Palmen und saufen sich die Hucke voll, anstatt bei Valentino lecker zu speisen und der italienischen Weinkunst zu frönen. Es gibt hier nämlich auch eine Weingrotte. So viel zur Geschichte von Valentino und seiner Villa Tizzi.

06.08./21.30 Uhr, Villa Tizzi, Fazit des Tages Wir sind heute um 9.25 Uhr losmarschiert bis etwa 11.30 Uhr. Nach einer halben Stunde Pause ging's dann weiter, um nachmittags eine Rast von etwa 14.00 bis 15.00 Uhr einzulegen. Die Ankunft erfolgte kurz vor 19.00 Uhr. Die Stecke ist durch verschiedene Wälder hindurch sehr abwechslungsreich und interessant. Besonders schön ist der Weg durch den Buchenwald etwa in der Mitte der Strecke – herrliche grasbewachsene Lichtungen und immer wieder Kühe dazwischen. Auch sehr schön war die Mittagsrast an der Franziskuskapelle, der Blick schweift hinaus auf das freie Feld. Dieser Platz strahlt eine unglaubliche Ruhe aus. Gegen Ende der Wanderung eröffnet der Blick in das Rieti-Tal, wo wir in der Ferne bereits das Ziel des morgigen Tages sehen, die Stadt Rieti. Wir erkennen Seen und Flüsschen, die sich durch dieses Tal schlängeln. Von weiter oben ist das Tal relativ dicht besiedelt, ähnlich wie das Tal, das wir von Assisi über Spello nach Montefalco durchschritten haben. Nur ist das Rieti-Tal schmäler – wir können von einem Ende zum anderen blicken.

Auf heiligen Wegen

10. Tag

Poggio Bustone
Rieti

- 20 km
- 6 Stunden
- ⇧ ca. 300 m
- ⇩ ca. 600 m

07.08. Poggio Bustone
Rieti

07.08./9.15 Uhr, Grundsätzliche Überlegungen zu den Übernachtungen Wir haben von zu Hause die Übernachtungen nur für die ersten vier Nächte festgelegt, da wir nicht sicher waren, ob wir das geplante Wandertempo tatsächlich durchhalten. Allerdings stellte sich so die Frage, ob wir kurzfristig eine geeignete Unterkunft finden. Wir handhaben das jetzt so, dass wir tags zuvor am Zielort anrufen und uns nach einem Zimmer erkundigen. Bisher – zur Halbzeit der Reise – gelang das immer völlig problemfrei. Es besteht nicht wirklich die Notwendigkeit, alles von zu Hause aus zu organisieren. Auch in den Hotels sind die Leute stets sehr hilfsbereit. Die Gastwirte sprechen gerne Hotelempfehlungen aus und rufen dort an, um die nächste Übernachtung klarzumachen.

07.08./10.30 Uhr, Vom Abend und der Nacht in der Villa Tizzi Nachdem wir fürstlich gespeist und wieder einmal eine Flasche leckeren Montepulcano verkostet hatten, nahmen wir den Rest des Weins mit auf unsere Privatveranda, die so groß wie ein Palast war. Jeder hatte seine eigene Hollywoodschaukel. Die

Nacht war wunderbar lau, und so stellten wir es uns sehr romantisch vor, im Freien zu schlafen. Wir legten uns hin, jeder auf seine Schaukel, schauten noch kurz den Mond an und nickten sofort auf den Hollywoodschaukeln ein. Aber jedes Mal, wenn wir uns umdrehten, knarzten die beiden Schaukeln – einmal Tonis und dann meine. Das riss uns wieder aus dem Schlaf. Zudem veranstalteten die Einheimischen etwa einen halben Kilometer entfernt ein Fußballturnier. Das Endspiel gipfelte in einem Elfmeterschießen, wobei alle zwei Minuten das ganze Stadion schrie und die Pfiffe des Schiedsrichters zu hören waren. Und dann bellte jedes Mal, wenn der Schiedsrichter pfiff, ein Hund los. Uff – die erste Nachthälfte war alles andere als romantisch. So zogen wir uns gegen Ende der Geisterstunde in das wunderschöne Doppelbett zurück und verbrachten dort den Rest der Nacht – geruhsam, versteht sich.

07.08./10.45 Uhr, Desaster in der Villa Tizzi Gestern Abend, als wir um 19.00 Uhr völlig frustriert hier ankamen, hatte Simone nur noch einen Wunsch: Unsere Klamotten müssen in die Waschmaschine. Nachdem sich im Zimmer keine Waschmaschine

befindet, hat sie die Tochter des Hotelbesitzers gebeten, dies zu übernehmen.
Sie sagte natürlich: »Klar, kein Problem.« Am Abend machten wir uns dann Sorgen, ob sie das auch richtig macht, nicht dass aus unserer wertvollen Funktionswäsche Brei wird. Aber, na ja, sie wird das schon im Griff haben. Man muss das verstehen: Es sind zurzeit unsere einzigen Kleidungsstücke, da hängt man eben sehr daran. Als wir heute Morgen um 8.00 Uhr aufstanden, sahen wir auf unserem Balkon ein neu gespanntes Seil, auf dem unsere Wäsche hing. Wir gehen hin, berühren sie und merken: Verdammt, das Zeug ist patschnass! Das Hotelpersonal hat es gerade erst gewaschen. Desaster! Simones gesamte Wanderklamotten und all meine wichtigen Sachen sind nass. Was tun? Wir gehen erst mal frühstücken und beruhigen uns. Als wir uns eine gute Stunde später anziehen, nehme ich kurzerhand die feuchte Hose und das feuchte Hemd und schmeiße mich mit einem Stoßseufzer hinein. Nachdem es ja Funktionssachen sind, ist es zwar unangenehm, aber dennoch erträglich. Simone macht das Gleiche. Die restlichen Sachen hängen wir hinten an den Rucksack. Ich lache über das Gesicht, das Simone beim Anziehen ihrer

Klamotten macht – als ob sie in eine Zitrone beißen würde. So süß sieht sie aus, wenn sie sauer ist.

07.08./10.35 Uhr, Zur körperlichen Verfassung Wir waren sehr, sehr erschöpft und völlig erledigt von der langen und beschwerlichen Wanderung gestern. Heute ist mir alles ein bisschen egal. Beim Gehen merke ich, dass ich noch lebe. Ich bin innerlich sehr ruhig und mein Körper brennt auf Sparflamme in Erwartung dessen, was auf mich zukommt.

07.08./10.40 Uhr, Was macht das Leben interessant? Im Moment verlassen wir das wundervolle, am Hang gelegene Bergdorf Poggio Bustone. Wir blicken nach oben und sehen die Häuser des uralten Dorfes. Vorhin hatten wir deswegen schon eine Diskussion darüber, was denn um alles in der Welt ein Leben interessant macht? Ist ein Leben uninteressant, wenn man sein Leben lang am gleichen Ort lebt, dort geboren wird, zur Schule geht, heiratet, Kinder bekommt, im Familienverbund lebt und irgendwann auf dem dörflichen Friedhof beerdigt wird? Ist das Leben interessanter, wenn man von Hamburg nach

München, nach San Francisco, nach Italien, hierhin und dahin und dorthin jettet und sich immensen Reizen aussetzt? Das ist die Frage, die uns beschäftigt. Ich als detailverliebter Mensch denke mir, man kann sicher auch Freude im Kleinen finden, wenn man einen Kopfsalat anbaut, der wächst, die Jahreszeiten beobachtet und die Jahre aufmerksam an sich vorbeigleiten lässt. Die Zeit vergeht vielleicht sogar etwas langsamer und man empfindet das Leben länger. Auf der anderen Seite ist es aber auch eine Kopfsache, sich zu disziplinieren, wenn man viel unterwegs ist, und den Moment und den Augenblick zu genießen. Egal wo man ist, egal was man tut – den Moment bewusst wahrzunehmen, das macht das Leben interessant.

07.08./10.40 Uhr, Was macht das Leben interessant? Meine Ansichten darüber: Sein ganzes Leben ist man eingebettet in das Sozialleben eines engen, begrenzten Dorfes ohne die ganzen Fort- und Weiterbildungsmöglichkeiten, die bestehen; vom begrenzten Zugriff auf Ideen und Kultur ganz zu schweigen. Man ist eingezwängt in eine dörfliche Gemeinschaft, die bisweilen hart mit ihren Mitgliedern umgeht. Wer nicht in ein gewisses Schema passt, wird oftmals bitter ausgegrenzt. Aber dafür ist man geborgen in einem sozialen Leben, wo jeder Platz hat, wo jeder jemand ist im Gegensatz zum anonymen Leben in einer großen Stadt, in der man selbst niemanden kennt. Obwohl man hier den ganzen Tag über viele Menschen trifft, ist man doch allein und einsam und holt sich seine Freundschaften und Beziehungen über die Arbeit oder neuerdings über das Internet. Man sitzt nächtelang am Computer und surft im Internet, um sich mit irgendwelchen Menschen virtuell in Chaträumen auszutauschen, statt einfach an die Tür des Nachbarn im selben Hochhaus zu gehen, dort anzuklopfen und diesen realen Menschen kennenzulernen, was oft viel, viel spannender sein kann als irgendeine Internetbekanntschaft, die am anderen Ende des Planeten sitzt.

07.08. / 10.50 Uhr, Von der Unzufriedenheit des Menschen Ich knüpfe noch einmal an die vorherigen Worte an: »Leben im Moment.« Ich glaube, der Ursprung aller Unzufriedenheit liegt darin, dass man nicht den Moment lebt und ihn nimmt, wie er ist, sondern immer das möchte, was man gerade nicht haben kann. Und so verstreicht die Zeit und die Momente ziehen an einem vorüber, ohne dass man es merkt. Man lebt in einer Parallelwelt und merkt nicht, wie das Leben fortschreitet und sich dem Ende zuneigt. Das verstärkt die Unzufriedenheit und steigert das Verlangen nach Dingen, die man nicht haben kann. Vielleicht liegt der Schlüssel des Lebens im Genießen des Moments, den man nicht zurückholen oder verändern kann.

07.08./11.53 Uhr, Vorstellung von einem Leben im Kloster Es hört sich vielleicht komisch an, aber irgendwie kann ich mir auf dieser Wanderung vorstellen, tatsächlich im Kloster zu leben. Warum? Die Landschaft ist unglaublich bereichernd, herrlich anzusehen. Die Klöster liegen zumeist fantastisch! Ins Kloster zu gehen bedeutet, Abschied zu nehmen vom Besitz. Doch die Frage ist, wozu man den Besitz eigentlich braucht. Wenn ich ehrlich bin, muss ich sagen: Es ist nett, ein Auto zu besitzen. Aber es verhält sich doch so, dass das Auto 95 Prozent des Tages nur dumm rumsteht. Warum also nicht ein Auto teilen? Oder nehmen wir Bücher, die man gelesen hat oder liest. Es macht deutlich mehr Sinn, sie einer gemeinsamen Bibliothek zuzuführen, um aus einem größeren Pool an Literatur auswählen zu können. Wozu soll man also Bücher besitzen? In meinem Kleiderschrank hängen bestimmt 25, 30 Hemden. Wie viel davon ziehe ich tatsächlich an? Es ist doch so, dass ich Lieblingskleidung habe, die ich immer und immer wieder anziehe, dass vieles in meinem Schrank hängt, das gar nicht notwendig wäre. Ergo wäre es zu ertragen, in einem Kloster kaum Kleidung zu haben. Das Einzige, von dem ich mich schwer trennen könnte, ist ein eigener Computer. Ein Computer, der meine Gedanken sammelt, die Kommunikation mit anderen Menschen, die E-Mails. Darauf verzichten könnte ich schwer bis gar nicht.

Könnte ich mich überhaupt losreißen vom Leben, das wir führen, von einem Leben, in dem ich faktisch keine Grenzen habe, in dem ich heute in ein Flugzeug steige, um morgen in New York von Bord zu gehen? Könnte ich mich davon trennen? Auch das könnte schwerfallen. Dafür gewinnt man durch die Gemeinschaft in einem Kloster viel Nestwärme, soziale Gemeinschaft und auch viele Ideen. Ich weiß nicht warum, aber ich stelle mir ein Kloster auch immer als einen Ort vor, in dem gute, wertvolle und auch tiefe

Gespräche geführt werden, als einen Ort, an dem eine Naturverbundenheit gelebt wird, die draußen im realen Leben nicht mehr stattfindet. Wäre ein Leben im Kloster denkbar?

07.08./12.05 Uhr, Toni Toni kommt auch auf dem »Zahnfleisch« daher. Er schwitzt und hat dunkle Augenringe. Bei jedem Cammino-Schild bricht er in Freudengeschrei aus, weil wir bisweilen denken, wir hätten uns verlaufen. Aber wie es sich für einen Mann gehört, gibt er es natürlich nicht zu.

07.08./12.50 Uhr, Einkaufen in Cantalice Während wir die Treppen in Cantalice hinaufsteigen, kommen wir nicht umhin, über das Einkaufen nachzudenken. Enge verschlungene Gassen verbieten es, mit dem Auto oder einem anderen Gefährt an sein Haus zu kommen. Wir hingegen sind es gewohnt, mit dem Auto vor das Haus bzw. in die Garage zu fahren, den Fahrstuhl zu nehmen, um unsere eingekauften Artikel wohlbehütet in die Wohnung zu bringen. Hier hingegen ist Schleppen angesagt. Man kann mit seinem Auto maximal bis zur Stadtmauer fahren. Von da an heißt es, die Waren in die Stadt zu tragen.

07.08./15.11 Uhr Nachdem wir so erschöpft waren, hat die Mittagspause wahnsinnig gutgetan. Zum ersten Mal spüre ich bis in die letzte Zehe, dass die Siesta am Mittag sehr erholsam ist für Körper und Geist. Nach anfänglichem Dahingestolpere geht es auch etwas besser. Heute ist es furchtbar heiß und schwül. Vielleicht liegt es auch an dem Bier gestern Nachmittag, das wir viel zu schnell getrunken haben – aus lauter Frust, weil wir das Hotel nicht sofort gefunden haben. Vielleicht liegt es auch einfach nur am Wetter, dass der Weg uns heute so hart vorkommt, aber da müssen wir durch. Und zum Glück sind wir bald in Rieti.

07.08./15.50 Uhr, Kloster Convento la Foresta, Rieti Ich sitze auf der Klostermauer von La Foresta und schaue Toni hinterher. Er geht um das Kloster herum, denn er will noch in die Kirche schauen. Währenddessen blicke ich auf den wunderschönen Klostergarten und denke über das Leben der Mönche nach. Warum entscheidet man sich, ein Mönch zu werden?

07.08./17.14 Uhr, Rieti, Fazit des heutigen Tages Wir erreichen unser Hotel Quattro Stagione. Es

■ **Rieti** Die Stadt Rieti ist weithin als der Mittelpunkt Italiens, »ombelico d'Italia«, bekannt. Im Zentrum befindet sich ein Marmorwerk, das diese Tatsache noch unterstreichen soll. Sehenswert ist auf jeden Fall der Dom, Baujahr 1226, nahe dem Hotel Quattro Stagioni mitten im Herzen der Stadt.

liegt direkt am Hauptplatz in Rieti. Gegenüber befindet sich ein wunderschöner Palazzo mit einem Lustgarten. Wir sind angekommen und das ist für heute das Wichtigste. Es ist wieder einmal ziemlich heiß gewesen, sodass der Weg auf der Teerstraße runter vom Kloster wirklich anstrengend war. Wir benötigten von dort aus noch eine geschlagene Stunde. Aber jetzt sind wir da. Simone meint, die Strecke war ganz nett. Mir hat es heute weniger gut gefallen. Das Interessante an der Route war für mich die Besichtigung der beiden Klöster. Wobei das Kloster vor Rieti im Wald deutlich mehr Charme ausstrahlte als das oberhalb von Poggio Bustone. Wir freuen uns auf jeden Fall auf eine kühle Dusche und ein angenehmes Abendessen.

Der Tag der Verzweiflung

11. Tag

Rieti

Greccio

23 km

7 Stunden

⇧ ca. 600 m

⇩ ca. 350 m

08.08. Rieti
Greccio

08.08./8.00 Uhr, Doppelkick am Morgen Zuallererst werfe ich einen Blick aus dem Hotelzimmer: Ja, richtig, der Himmel ist bedeckt heute. Es wäre angenehm, mal ohne diese knallheiße Sonne zu wandern. Trotz der Bewölkung sieht es nicht nach Regen aus. Es sind einfach nur zarte Wolken, die uns die notwendige Kühle und Schatten spenden werden – hoffentlich. Zweiter Kick am Morgen: Endlich ein vernünftiges Frühstück im Hotel Quattro Stagioni. Wir bekommen das erste Mal frische Croissants, warme Brötchen, Wurst, Eier, Joghurt, Früchte, Wasser, Cappuccino – kurzum alles, was man sich normalerweise von einem Frühstück wünscht.

08.08./9.11 Uhr, Migräne Heute Morgen um halb sechs bin ich mit Migräne aufgewacht und blicke diesem Tag eher finster entgegen. Die körperliche Anstrengung wird ihren Tribut fordern, aber ich hoffe, ich werde doch einigermaßen durchkommen. Zum Glück ist es etwas bedeckt und wir haben zum ersten Mal gut gefrühstückt.

08.08./10.11 Uhr Nachdem wir Rieti verlassen haben, gehen wir immer geradeaus an einem schönen Fluss entlang in Richtung des Klosters Colombo. Noch immer ist der Himmel bedeckt und wir können wunderbar laufen. Nur leider drückt wieder mal der Rucksack aufs Kreuz bzw. aufs Gemüt. Jedes Mal, wenn er morgens mit dem Essen und Trinken für den Tag frisch beladen ist, denke ich mir: O Gott, warum tue ich mir das eigentlich an? Aber aus den vergangenen Tagen schlussfolgere ich: Im Laufe des Tages wird der Rucksack leerer und dann werde ich ihn nicht mehr so spüren. Ich bin froh, hier zu sein mit meinem Liebsten. Ich bin froh, hier zu wandern, und ich bin glücklich, eine so tolle Erfahrung zu machen. Ich bin auf dem rechten Weg, im wahrsten Sinne des Wortes.

08.08./10.15 Uhr, Wandern macht nicht nur Hausfrauen frei! Wenn man so wandert, hat der Kopf nicht allzu viel zu tun. Man schaut umher, man lebt und denkt im Moment. Man denkt voraus, man denkt zurück und kehrt zu seinen Grundsätzen zurück. Und während ich mein reales Leben Revue passieren lasse, küsst mich plötzlich die Muse.

Ich nehme mir für zu Hause vor, wieder mehr mit ursprünglichen Lebensmitteln zu kochen und mir die Zeit zu nehmen, die Früchte des Gartens zu ernten, die Jahreszeiten zu betrachten, den Regen zu mögen. Ich fange sogar an, das kalte deutsche Wetter zu lieben. Und so ordnet und reinigt sich der Geist der Hausfrau auf der Pilgerreise nach Rom.

08.08./11.30 Uhr Heute habe ich keine große Lust, etwas aufzuschreiben. Wir gehen weiter auf das Kloster Colombo zu. Mir ist so fad – im Kopf wie am Körper. Ich muss schwitzen und muss leiden und mir ist das Gehen ein wenig langweilig.

08.08./12.45 Uhr, Heute ist der Tag der Wunscherfüllung Schon heute Morgen wünschte ich mir ein leckeres Frühstück mit Eiern und Schinken. Und siehe da: Mein Wunsch ging in Erfüllung. Mittags, bevor wir Kloster Colombo betraten, habe ich zu Toni gesagt: »Ich möchte jetzt endlich mal ein paar anständige Mönche sehen!«, da die Klöster bisher eher unbewohnt wirkten. Tatsächlich kamen wir genau um 12.00 Uhr an und konnten die Mittagsmesse besuchen, die sechs richtige Franziskanermönche gemeinsam feierten.

Hoffentlich geht dieser Tag der Wunscherfüllung so weiter. Das Kloster selbst ist sehr beschaulich, sehr besinnlich und man spürt die Anwesenheit des heiligen Franz. Mir ist fromm ums Herz.

08.08./13.10 Uhr, Erkenntnis, was unser Mittagessen angeht Wir haben heute gedacht, wir ernähren uns in der Mittagspause mal wieder gesund und haben deswegen Bananen und Pfirsiche eingekauft und schleppen Äpfel mit uns herum. Aber nach drei Stunden lästigen Tragens merkten wir, dass das Zeug einfach viel zu schwer ist. Du kommst dir vor, als würdest du Kieselsteine auf dem Rücken mit dir herumtragen. Deshalb haben wir beschlossen, künftig wieder auf bewährtes Mittagessen zurückzugreifen, auf Brot mit Schinken und Käse – weil es einfach deutlich leichter ist.

08.08./13.37 Uhr, Hunde Bemerkenswert: Während all meiner Urlaube in Italien ist mir noch nie aufgefallen, wie viele Hunde es hier gibt. Die Italiener lieben offensichtlich Hunde. Jedes Haus hat drei, vier, fünf, vielleicht sogar mehr Pinscher in allen möglichen Facetten: Rassehunde, Promenadenmischungen, mit Schwanz, ohne Schwanz, mit langen oder spitzen Ohren. Eines aber haben alle gemeinsam: Sie kläffen. Überall weisen Schilder darauf hin: »Attenti al Cane.« Manchmal wünsche ich mir, dass so ein kleiner Freund neben mir herläuft und mit mir diese Wanderung bestreitet.

08.08./14.45 Uhr Heute ist kein guter Wandertag. Die einzige Pause, die wir bisher hatten, legten wir im Kloster Colombo beim Mittagsgebet ein – eine schnelle Banane inbegriffen. Und schon wieder ging die Post ab – den Berg runter. Jetzt geht es bergauf, und zwar noch drei Kilometer. Toni rennt und rennt und rennt. Er will das Ziel schnellstmöglich erreichen. Ich habe es bald satt. Wir kommen nicht dazu, einfach mal einen Cappuccino zu trinken. Mit einem Auto braucht man fünf Minuten nach oben. Wir quälen uns schier unendlich langsam den Berg hoch. Jetzt ist es gleich drei Uhr. Wenn alles gut geht, sind wir in eineinhalb Stunden in Contigliano, aber noch lange nicht am Ziel. Heute reicht's mir, mir reicht's, mir reicht's.

08.08./15.40 Uhr, Von der Verzweiflung Bisweilen sind diese Tagesetappen zum Verzweifeln. Wie heute: Du gehst auf dieses Kaff namens Contigliano zu, aber anstatt direkt drauf zu führt der Weg links vorbei, bergauf. Die Wege verlaufen einfach nicht so, wie wir uns das vorgestellt haben. Ich denke: »Jetzt ist Schluss. Ich hör' auf, ich lass es sein. Ich frag nach einem Taxi, nach einem Bus. Keine Lust mehr!« Ich hinterfrage, warum ich mich abmühe und quäle. Es ist nicht so heiß wie in den letzten Tagen, aber irgendwie herrscht eine schwüle Hitze vor. Das macht die Sache sehr hart und sehr anstrengend. Wir sind seit 9.30 Uhr unterwegs. Es ist jetzt fast 16.00 Uhr und wir brauchen dringend neuen Mut und noch dringender etwas zu trinken und zu essen. Das mitgenommene Obst erweist sich bei Weitem nicht als die Kraftnahrung, die wir benötigen würden.

08.08./18.30 Uhr, Wir laufen in Greccio ein Fazit: Wir haben uns in Rieti mit Essen und Trinken versorgt, sind dann zum Kloster Fontecolombo marschiert und haben oben cirka eineinhalb Stunden Pause gemacht. Dann sind wir weitergezogen bis nach Contigliano (Ankunft etwa 16.00 Uhr).
Das ist genau der Ort, in dem der so oft zitierte Hund begraben liegt. Es gibt nicht mal eine Bar,

■ **Greccio** Das malerische Dörfchen Greccio liegt cirka 705 Meter über dem Meeresspiegel an einem Hang mit wunderbarem Blick über das Rieti-Tal. Die knapp 1500 Einwohner haben dort oben viel Platz für sich. Das nahe gelegene Kloster Santuario di Greccio gehört zu den berühmtesten unter den Franziskanerklöstern, denn dort hatte Franz von Assisi seine Vision vom Weihnachtsfest. So wie wir sie heute kennen – mit Krippe, Stall und Esel – hat Franziskus die Szene gesehen und seine Vorstellung davon wurde in der christlichen Welt verbreitet.

geschweige denn irgendeinen Laden, in dem sich Ess- oder Trinkbares kaufen ließe. Wir konnten auf dem weiteren Weg zum Glück noch eine Bar finden, aber erst unten im Tal. Und wir sind extra den Berg hoch, um festzustellen, dass in diesem Ort praktisch niemand wohnt! Nach dieser Pleite ging's rüber nach Greccio, wofür wir nochmals eine Dreiviertelstunde benötigt haben. Der Grund ist ganz einfach: Es geht nach dem Aufstieg nach Contigliano zuerst hinunter ins Tal, dann aber wieder hinauf auf den Berg in Richtung Greccio-Dorf. Es war schon nervig, ständig die Berge rauf und wieder runter zu klettern, ohne anzukommen. Kaum ein Teilstück, das geradeaus führt. Die Strecke dürfte deutlich über 20 Kilometer lang gewesen sein. Zudem waren wir uns auch zwei- oder dreimal nicht sicher, ob wir überhaupt auf dem richtigen Weg sind.

Kurzum, es war fürchterlich oder mit Simones Worten ausgedrückt: »Es war die Hölle«. Aber schlussendlich sahen wir das schöne Greccio vor uns und irgendwie hat sich die Anstrengung dann doch gelohnt. Auf jeden Fall freuen wir uns jetzt auf eine hoffentlich angenehme Übernachtung und auf leckerstes Abendessen. Wir trinken heute Abend wahrscheinlich mindestens eineinhalb bis zwei Liter Wein, weil wir so frustriert sind.

08.08./19.00 Uhr, Alle Schmerzen sind vergessen
Bei der Ankunft in Greccio sind alle Mühen vergessen. Wir sind etwa 700 Meter über dem Meeresspiegel in einem traumhaft am Berghang gelegenen Dorf. Über allem thront selbstverständlich eine alte Kirche. Das Hotel trägt den Namen Belvedere, zu Deutsch »schöne Aussicht«, und die Aussicht ist in der Tat sensationell. Wir schauen hinunter in das Rieti-Tal, sehen gegenüber Poggio Bustone – auch Rieti ist zu erkennen. So können wir viel von dem Weg einsehen, den wir in den vergangenen Tagen beschritten haben. Es ist ein großartiges Gefühl, auf dem Gipfel eines Berges zu sitzen und majestätisch hinunter ins Tal zu schauen. Alle Strapazen sind wie weggewischt

und auch der Frust ist verschwunden. Die Gastgeberin ist nett, fragt uns sofort, wann wir zu Abend essen wollen. Das Restaurant ist voll verglast und bietet einen unglaublichen Ausblick auf das Tal sowie auf das Kloster. Wir freuen uns auf den Abend!

08.08./19.10 Uhr, Noch zwei sehr wichtige Randbemerkungen Erstens: Natürlich war hier auch schon Johannes Paul II. Und zweitens: Natürlich sind wir die einzigen Gäste.

08.08./20.10 Uhr, Der Mensch Es gibt Dinge, die sind so selbstverständlich, dass man vergisst, sie zu erwähnen. Zum Beispiel den Menschen, mit dem man diese Wanderung erlebt. Die Pilgerreise ist eine ziemlich anstrengende Angelegenheit. Man ist körperlich arg beansprucht. Überdies ist man natürlich rund um die Uhr zusammen. Man isst miteinander, verbringt den Tag, wandert miteinander und versucht, sich am Abend zu erholen, kümmert sich um die Übernachtungsmöglichkeiten etc. Und wenn es dabei zwischenmenschlich nicht klappt, weil die Beziehung es nicht trägt, dann ist es ziemlich schwer, diese Zeit gemeinsam durchzustehen. Und ich bin dankbar, dass ich diesen Weg mit Simone gehen darf, denn wir ergänzen uns und verstehen uns die ganze Zeit über prächtig. Wir sind gemeinsam erschöpft, gemeinsam glücklich, gemeinsam frustriert, gemeinsam traurig. Hört sich nach unendlicher Harmonie an. Ja, vielleicht ist es das auch. Es ist sehr schön, mit ihr – der Liebe meines Lebens – diese Gefühle teilen zu dürfen.

08.08./21.47 Uhr, Wo ist der Wirt? Der Wirt hat das Haus verlassen und wir sitzen tatsächlich ganz allein in seiner Wirtschaft herum. Ich frage mich, was wir heute noch trinken. Doch jetzt grölen wir erst mal lauthals aus dem Fenster, damit die in Greccio was zu lachen haben.

08.08./22.00 Uhr Der Wirt ist längst über alle Berge. Wir sitzen nach wie vor allein in seinem Ristorante und feiern eine richtige Party.

08.08./23.30 Uhr, Wo gibt's denn hier was zu trinken? Wir können es immer noch nicht fassen und johlen und lachen über unsere Einsamkeit. All die Flaschen Campari, Whisky und Wein und wir dazu. Ich bekomme Durst. Die Flasche Wasser, die wir bestellt haben, ist leer und ich mache mich auf die Suche nach Nachschub! Das klingt zwar langweilig, aber wir brauchen tatsächlich noch antialkoholische Getränke. Zuerst suche ich nach dem Lichtschalter und knipse unter lautem Gelächter aus Versehen das komplette Licht aus. So wird die Situation gleich noch skurriler. Ich suche die dunkle Küche, den Kühlschrank, die Fächer nach Wasser ab – nichts zu finden! Und als ich so herumstöbere, werde ich vom Wirt überrascht. Ganz toll, Simone. Ich komme mir wie eine Diebin vor. »Was fällt Ihnen ein, Signora Ochsenkühn, einfach in meiner Küche herumzuschnüffeln?« Er sagt das zwar nicht, aber anders sind seine Blicke nicht zu deuten. Ich: »Äh, äh, Acqua minerale?« Er reicht mir eine neue Flasche und wir verziehen uns, kichernd und nicht mehr ganz nüchtern, auf unser Zimmer …

AL FAGGIO
Cammino di Francesco
Santuario di P. Bustone
Faggio S. Francesco

Der Tag des Gebets

12. Tag

Greccio
Stroncone

15 km
5 Stunden
⇧ ca. 370 m
⇩ ca. 600 m

09.08. Greccio
Stroncone

09.08./8.30 Uhr, Erkenntnis am Morgen Bei einer Wanderung bzw. Pilgerreise bist du geistig komplett auf dich allein gestellt. Es gibt faktisch keine Einwirkungen von außen. Du bekommst keinen neuen Input durch Fernsehen oder Radio oder Bücher. Und da wir des Italienischen nicht besonders mächtig sind, gibt es auch von dieser Seite keine äußeren Einflüsse. Man kann es also drehen und wenden wie man will, du bist mit dir unterwegs und du musst dich mit dir auseinandersetzen. Du kannst dich praktisch nur mit dir selbst und deinem Leben beschäftigen. Manchmal, besonders abends, wenn wir ankommen, sehnen wir und danach, etwas zu lesen, um neue Ideen oder Eindrücke zu gewinnen. Dann greifen wir immer und immer wieder zu den beiden mitgenommenen Franziskus-Büchern, um irgendeinen Lesestoff zu haben und dem Gehirn etwas zu arbeiten zu geben.

Besonders interessant war die Erfahrung vor drei Tagen, als wir uns in Poggio Bustone mit dem Auto hinauf aufs Kloster fahren ließen. Diese Autofahrt war unglaublich. Du bewegst dich mit – für unsere derzeitigen Verhältnisse – enormer Geschwindigkeit von A nach B. Alles fliegt an dir vorbei, und du bist nicht in der Lage, alles zu sehen und aufzunehmen, was da draußen an dir vorbeisaust. Die Autofahrt dauerte etwa fünf Minuten, aber sie war unglaublich anstrengend, weil Auge und Hirn nicht dazu imstande waren, in dieser Geschwindigkeit zu arbeiten und mitzudenken. Wir sind buchstäblich vom Autofahren entwöhnt.

09.08./10.30 Uhr, Sind Reißverschlüsse praktisch? Wir philosophieren über die praktische Handhabung unserer Rucksäcke. Sie lassen sich sowohl von oben als auch von unten beladen. Im unteren Drittel befindet sich im Inneren ein Reißverschluss, damit man entweder das gesamte Volumen nutzen oder zwei kleinere Fächer daraus machen kann. Aber wir haben festgestellt, dass das eigentlich völlig egal ist, da man das Ding den ganzen Tag auf dem Rücken trägt und eh keinen Zugriff auf das untere Fach hat. Man muss ihn also abnehmen, um etwas herausholen zu können, oder ein anderer muss behilflich sein. Deshalb ist die Teilung unserer Meinung nach vollkommen unnütz. Außerdem sind

■ **Kloster Greccio** Die Felsen des Klosters sind als »franziskanisches Bethlehem« bekannt, da Franz von Assisi der Legende nach hier mithilfe des Gutsherrn Giovanni Velita Weihnachten gedachte. Die Asche von Giovanni ruht heute an diesem Ort. Die Fresken in der Grotta del Presepe (Höhle der Krippe) stammen aus der Schule Giottos und gehen auf das 14. Jahrhundert zurück. Sie stellen die beiden Krippen von Bethlehem und Greccio dar. Über die kleine Zelle und das Refektorium gelangt man über eine Treppe nach oben zu den Zellen aus dem 13. Jahrhundert. Sie sind komplett aus Holz gefertigt. Im neueren Teil befindet sich heute eine Krippensammlung mit handgearbeiteten Exemplaren aus der ganzen Welt. Hinweis: Im Souvenirladen gibt es nicht nur Ansichtskarten, sondern auch ein Buch auf Deutsch über die Wallfahrtsorte im Rieti-Tal.

die äußeren Reißverschlüsse in eine Art Verkleidung eingepasst, wahrscheinlich damit es nicht reinregnen kann. Aber das Futter klemmt sich immer wieder ein und ist sehr unpraktisch. Das nächste Mal, wenn wir Trekkingrucksäcke kaufen, werden wir darauf achten, dass die Reißverschlüsse nicht so aufwendig angebracht sind.

09.08./11.20 Uhr, Von der Freude des Wanderns

Wir sind jetzt gut eine Woche unterwegs und oftmals ist es unbeschreiblich, was man sieht, was man erlebt, was man spürt und was man fühlt. Gerade stehen wir am Santuario di Greccio, dem Kloster in der Nähe von Greccio mit einem unglaublichen Blick über das

Rieti-Tal. Wir haben leckere Salami und leckeren Käse im Gepäck. Wir wissen, dass wir heute Abend wieder eine gute Unterkunft finden werden, und wir spüren die Kraft und Energie, die von diesem Kloster ausgeht – eine unglaubliche Ruhe und Spiritualität. Es geschieht viel mit uns in diesen Tagen, in diesen Stunden. Herrlich, wie einfach das Leben ist, wenn man unterwegs ist. Wenn man sich auf sich selbst konzentriert, auf sich selbst verlässt, sich selbst überlassen ist.

09.08. / 11.23 Uhr, Vom heiligen Franziskus Was mir nicht einleuchtet, ist, dass viele Heilige zuerst durch ein Martyrium gehen mussten, um ihre Heiligkeit zu erreichen. Ist es denn im Sinne Gottes, dass wir uns läutern und quälen? So verstehe ich die Botschaft Jesu: Ist es nicht vielmehr eine Freude, am Leben sein zu dürfen? Jesus war auch ein Wanderer, der durch die Orte zog, die Menschen für seine, für Gottes Botschaft begeisterte. Und wie hat er das gemacht? Nicht indem er den Menschen sagte: Esst nichts mehr, trinkt nichts mehr, sitzt nur noch da und betet!
Nein, er hielt Gastmähler, heilte Kranke, ließ Tote auferstehen. Er gab den Menschen, was mich besonders

beeindruckt, in der Bergpredigt Verhaltensregeln, damit das Leben gelingen kann: Sorge dich nicht um den nächsten Tag; mit all deiner Sorge kannst du die vergangenen Tage und auch den nächsten Tag nicht beeinflussen. Lebe im Hier und Jetzt – du hast keine andere Wahl. Und sieh, wie stolz du auf dich sein kannst, denn selbst König Salomon war in all seiner Pracht nicht so herrlich gekleidet wie ein Schmetterling, der übers Feld fliegt, oder eine Blume am Wegesrand.

09.08./11.32 Uhr, Im Santuario di Greccio Das Kloster ist wirklich mächtig und überdies sehr alt. Innen schmücken es alte Fresken und die Kammern sind alle aus schwerem Holz gezimmert. Ehrwürdig ist es und tatsächlich ein heilig anmutender Ort. Toni sieht sich noch genauer um, während ich die Zeit nutze, um ein paar Postkarten zu schreiben. Und auch Toni schreibe ich eine Postkarte nach Hause, mit seinem Lieblingsfresko hier im Kloster. Da wird er sicher überrascht sein. Plötzlich gesellen sich einige deutsche Franziskaner zu mir auf die Bank. Wundersam – sie reden wie normale Menschen miteinander. Über den Hunger, den sie haben, über Gewohnheiten, die sie pflegen, und darüber, was sie auf dieser

Reise noch alles vorhaben. Eigentlich habe ich mir mehr erwartet, vielleicht so eine Art spirituelle Kommunikation, aber da bin ich wohl einem Vorurteil aufgesessen.

09.08./12.43 Uhr, Abschied vom Rieti-Tal Wir verlassen nach einem für mich arg anstrengenden Aufstieg das Rieti-Tal. Ich glaube, ich hab in meinem Leben noch nie so geschwitzt. Das Wasser läuft mir in Bächen übers Gesicht. Wir sind nun oben angelangt und können noch einen letzten Blick zurück ins Tal werfen. Jetzt erfüllt es mich mit Stolz, zurückzublicken. Ich kann zu Recht sagen: »Ich habe dieses Tal durchschritten!«

09.08./14.30 Uhr Im Kloster Greccio habe ich Lust bekommen, mir ein kleines Pergament zu kaufen mit einem Gebet von Franziskus darauf: »Um des Friedens willen«. Und dieses Gebet lerne ich gerade auswendig. Denn selbst als nicht religiöser Mensch wandelt man auf diesen Pfaden hin zu einer frommeren Geisteshaltung.

■ Gebet des heiligen Franziskus

O Herr, mach mich zu einem Werkzeug deines Friedens,
dass ich liebe, wo man sich hasst,
dass ich verzeihe, wo man sich beleidigt,
dass ich verbinde, wo Streit ist,
dass ich die Wahrheit sage, wo Irrtum herrscht,
dass ich den Glauben bringe, wo der Zweifel drückt,
dass ich die Hoffnung wecke, wo Verzweiflung quält,
dass ich ein Licht anzünde, wo die Finsternis regiert,
dass ich Freude mache, wo der Kummer wohnt.

Herr, lass du mich trachten:
nicht, dass ich getröstet werde, sondern dass ich tröste;
nicht, dass ich verstanden werde, sondern dass ich verstehe;
nicht, dass ich geliebt werde, sondern dass ich liebe.
Denn wer gibt, der empfängt; wer sich selbst vergisst,
der findet; wer verzeiht, dem wird verziehen;
und wer stirbt, erwacht zum ewigen Leben.

09.08./14.45 Uhr, »Geerdet« Es ist interessant, wie sich Untergründe unter den Füßen anfühlen, wenn man so viel unterwegs ist. Man spürt die Unterschiede tatsächlich: Von Asphalt bis hin zu losen Steinen, gepflasterten Wegen oder ganz feinem Sand, man fühlt durch die Wanderschuhe die Beschaffenheit der Wege. Im Moment gehen wir einen sehr holprigen, mit losen Steinen übersäten Pfad nach unten. Ich wäre beinahe gestürzt, weil ich auf einen größeren Stein getreten bin. Das lässt sich auch aufs Leben übertragen: Je unsicherer der Untergrund, desto größer ist die Sturzgefahr.

09.08./14.45 Uhr, Unerwartetes Papier Es geschehen seltsame Dinge auf so einer Wanderung. Als wir heute im Kloster Greccio waren, hat Simone für 50 Cent einen Zettel gekauft, auf dem ein Gebet des heiligen Franziskus steht. Welches Gebet ist es? Das mir längst vertraute »Um des Friedens willen«. Lustig, ich hätte nie gedacht, dass Simone einmal einen Zettel mit einem Gebet kaufen würde.

09.08./14.50 Uhr, Meine Gedanken an S.
Manchmal noch denke ich daran, was die letzten Monate geschah. Seltsam, dass man so schnell vergessen kann, ohne jeglichen Kontakt und ohne Information darüber, was er so macht. Meine letzte Information besagt, dass er heute Abend eine Poolparty schmeißt. Ich denke, nach dem heutigen Tag ist es noch einmal ein Stückchen leichter, nichts mehr von einem Menschen zu wissen, der einen früher berührt hat. Ich stehe dem Ganzen wohlgesinnt gegenüber und ohne jeden Groll, bin bereit, ihn loszulassen – und zwar vollkommen.

09.08./16.25 Uhr, Ankunft im Hotel in Stroncone
Der Tag heute sah so aus: Wir sind um 9.45 Uhr in Greccio losmarschiert – hinüber zum Kloster, wo wir eine knappe Stunde verbrachten. Anschließend ging es den Berg hinauf. In Prati gönnten wir uns in einem Café auf dem Campingplatz noch eine halbstündige Pause. Beim Weg hinunter von Prati nach Stroncone legten wir an der Trinkwasserquelle nochmals eine viertelstündige Pause ein und sind um 16.25 Uhr hier gelandet. Was war das Wichtigste des Tages? Auf jeden Fall der Besuch des Klosters. Dann haben wir das Rieti-Tal verlassen, in dem wir mehrere Tage unterwegs waren. Für mich am interessantesten war, dass Simone sich im Kloster das Gebet mitgenommen und auf dem Weg versucht hat, es auswendig zu lernen. Zum Glück sind wir heute schon früher in der Unterkunft. Jetzt können wir den ganzen Nachmittag über entspannen, um morgen gestärkt aufzubrechen.

09.08./20.30 Uhr, Abendessen in Stroncone Wir sind im Lokal La Mola in Stroncone – herrliches Ambiente in einem wunderschönen Gebäude und das bis dato leckerste Essen. Als Vorspeise essen wir Spaghetti aglio et olio, Simone wählt zur Hauptspeise

Kalbfleisch mit Trüffel und Rucolasalat. Ich nehme Gnocchi, ebenso mit Trüffel. Es schmeckt einfach perfekt.

09.08./20.30 Uhr, In der Taverna La Mola Ich denke einfach nicht ans morgige Frühstück und behaupte wieder mal, dass es in Italien kein schlechtes Essen gibt, vor allem wegen dem vorzüglichen Abendessen. Es ist schlicht ein Gedicht! Hier steht offenbar eine Meisterköchin am Herd. Ihre unzähligen Auszeichnungen zieren die Wände. Nach diesem Essen fühle ich mich kräftig genug für den morgigen Tag, die vielleicht anstrengendste Etappe dieser Reise.

Viele Höhenmeter – viele Erkenntnisse

13. Tag

Stroncone
Calvi dell' Umbria

24 km

8 Stunden

⇧ ca. 850 m

⇩ ca. 1000 m

10.08. Stroncone
Calvi dell' Umbria

10.08./9.30 Uhr, Stroncone Heute ist Sonntag. Als wir das Hotel verlassen und eine ruhige Asphaltstraße hinabschreiten, scheint es, als ob die Welt stillstehen würde: Alles ist ruhig, kein Lüftchen regt sich, kein Vogel zwitschert, kein Auto lärmt. Nur wir befinden uns in dieser verharrenden Welt. Ein Innehalten findet statt – für einen kurzen Augenblick herrscht Stillstand auf Erden.

10.08./10.41 Uhr, Vision Während ich durch diese wunderschöne Gegend wandere, sehe ich viele herrlich gelegene Bauernhöfe, Gehöfte und Häuser. Warum nicht hier leben? Ein einfaches, bescheidenes, aber glückliches Leben – ein Leben fernab von der Hektik, vom Stress, dem wir in Deutschland ausgesetzt sind. Fernab von den Problemen, von den tagtäglich neuen, überwiegend schlechten Nachrichten, weg vom Sozialversicherungssystem, weg vom Leistungsdruck, weg von der Notwendigkeit, Geld zu verdienen, das man sowieso beim Finanzamt abliefern muss.
Ein einfaches und ein bescheidenes Leben führen.
Ein Leben mit Tieren, ein Leben, in dem man sich

seine Nahrungsmittel selbst anbaut. Ich fühle mich bei diesen Gedanken gut, angenehm, entlastet und stelle mir vor, dass dies ein glückliches Leben sei. Aber wird das nicht mit der Zeit fürchterlich schal und fad? Ein Leben, in dem von außen keine Ansprüche mehr an mich als Person herangetragen werden, in dem ich nicht mehr gefordert bin, sondern nur noch darauf konzentriert, mein tägliches Leben zu bestreiten. Würde es funktionieren, umzuschalten vom aktuell gehetzten Dasein zu einem Leben, in dem ich mir Zeit nehme, in dem ich mir Zeit lasse? Könnte es klappen?

10.08./10.41 Uhr, Körperlicher Zustand Die Blasen vorne an den kleinen Zehen sind sowohl rechts als auch links irgendwie verheilt, ebenso die Wunde unten am Zeh. Dafür hat sich an der rechten Achillessehne eine Riesenblase aufgetan mit einem Durchmesser von zwei Zentimetern. Sie drückt bei jedem Schritt. Aber es ist auszuhalten. Das hätte ich nicht gedacht, als ich sie heute Morgen entdeckt habe und loskreischte. Ansonsten habe ich heute eher ein mentales Problem. Vielleicht sind die Serotoninspeicher im Kopf leer. Ich bin melancholisch, schwermütig und möchte eigentlich nicht mehr weitergehen. Aber ich sehe das Ziel Rom vor mir, das mich mit Freude erfüllt und das ich mit Spannung erwarte. Ich habe mir schon immer gewünscht, Rom zu sehen. In knapp sieben Tagen wird es so weit sein. Das beflügelt mich und zwingt mich zum Weitergehen.

10.08./10.42 Uhr, Harte Nuss Die heutige Etappe ist vermutlich die schwerste, die wir hinter uns bringen müssen. Wir haben eine Strecke von über 20 Kilometern vor uns und es geht in der Summe zirka 1000 Meter bergauf und etwa 1000 Meter bergab. Wie immer ist es sehr heiß. Das Thermometer kletterte vormittags um 10.00 Uhr bereits über die 30-Grad-Marke und uns stecken natürlich die vergangenen zehn Pilgertage in den Knochen. So haben wir großen Respekt vor der vor uns liegenden Etappe, vor dem kräftigen Berg, den es zu überwinden gilt, und vor der Länge der Strecke.

10.08./10.50 Uhr, Pinien Während wir einen Berg hinaufsteigen, erfüllt Pinienduft die Luft um uns. Mir wird vollkommen klar, dass ich auf Dauer nicht mehr ohne diesen Duft leben will. Ich weiß jetzt plötzlich, dass der Ort, an dem ich künftig lebe, von diesem Pinienduft umgeben sein muss.

10.08./11.24 Uhr Mit dieser Wanderung verhält es sich wie mit meinem Leben en miniature. Ich fange etwas voll Euphorie an und bin überzeugt davon, dass es funktioniert. Ich bin Feuer und Flamme und stürze mich förmlich in die Situation, in das Leben, in die Aufgabe und plötzlich – mittendrin – wird es fad oder langweilig oder anstrengend. Sobald ich ein bisschen »beißen« muss, denke ich mir: »O nein, was ist jetzt los, keine Lust mehr, soll ich abbrechen, war der Weg richtig?« Ich beginne zu zweifeln – am Weg, an meiner Meinung, an meiner Arbeit. Und so schlingere ich hin und her und verliere mein Ziel aus den Augen, so auch jetzt – am Tag elf unserer Wanderung. Ich bin heute sehr lustlos, was das Fotografieren betrifft, und das Gehen auf diesen Wegen ist ja sowieso immer gleich. Hinzu kommt der Frust über die stets wechselnden Zimmer. So denke ich vor mich hin und mag alles in allem einfach nicht mehr. Aber ich sollte mich auch etwas loben, denn mit zunehmendem Alter erreiche ich meine Ziele immer häufiger. Manchmal zwar mit

Hängen und Würgen, aber ich finde, ich darf jetzt ruhig mal stolz auf mich sein. Nur eines kommt immer zu kurz: nämlich erreichte Ziele tatsächlich zu feiern und lange nachhallen zu lassen.

10.08./12.11 Uhr, Wegevergleich Vorhin sprach ich von meinen persönlichen Zielen, die ich meist nur schwer erreiche. Und ich finde, diesen Franziskusweg kann man tatsächlich mit dem Leben an sich vergleichen. Zu oft geht es bergauf, es ist anstrengend, schweißtreibend, zermürbend, bisweilen fast unmöglich, die Anhöhe doch noch zu erklimmen. Manchmal geht es aber bergab auch schnell, fast zu schnell. Das Leben rauscht an einem vorbei und man muss sich konzentrieren, damit man nicht fällt, weil die Talfahrt zu rasant wird. Man gerät ins straucheln, fällt trotzdem und bleibt liegen. Hin und wieder klappt es jedoch wie am Schnürchen, es geht flott voran: Ein frischer Wind weht einem durchs Haar, schattige Bäume weisen einem den Weg. Die ebenen Wege sind leider die kurzen Abschnitte des Lebens. Meistens ist der Weg beschwerlich, und ohne Schwitzen und ohne Mühen kommt man nirgendwohin. Erreicht man sein Ziel trotzdem, wird man dafür belohnt. Egal, wie schwer und steinig es nach oben oder bergab geht, die Aussicht ist grandios.

10.08./12.30 Uhr, Mord um halb eins Im Dorf Ville werden wir Zeuge der ökologischen Landwirtschaft. Es ist mittags um halb eins. Die Bäuerin verlässt das Haus, geht hinaus zum Hühnerstall und greift sich ein Hühnchen. Man hört zwei, drei Schläge, ein Jammern – das Huhn ist auf dem unmittelbaren Weg zum Kochtopf. Was daraus wohl wird? Suppe oder Grillhendl?

10.08./13.10 Uhr, Ich weine Wir quälen uns steil hinauf zum Kloster Sacro Lo Speco di Sant'Urbano. Toni entscheidet, dass wir entgegen der Beschreibung den Weg nach rechts oben nehmen. Wider meinem Gefühl folge ich ihm. Jetzt ist er außer Sichtweite. Ich fange an zu weinen und weine und weine, bitter und laut schluchzend. All meine Traurigkeit und das Leid meines Daseins und der letzten Monate strömen aus mir heraus. Ich glaube, nie wieder damit aufhören zu können. Ich glaube, S. nie vergessen zu können. Und plötzlich höre ich auf zu weinen. Es ist auf einmal alles still und friedlich in mir. Ich fühle, alles wird gut.

10.08./17.27 Uhr Den Berg hinab nach Calvi dell' Umbria sehen wir das erste Mal unser Ziel: Rom, weit in der Ferne liegend, aber dennoch sichtbar. Ich denke kurz, wir haben unser Ziel schon fast erreicht. Da fällt mir ein, dass immer noch fünf Tage erwandert werden wollen.

10.08./19.10 Uhr, Fazit der heutigen Wanderung Gnadenlos! Simone sagt, wir nennen den heutigen Tag »Wanderung gnadenlos«. Wir kamen abends um 19.00 Uhr in Calvi an und es hatte immer noch 31 °C. Aufgebrochen sind wir heute früh in Stroncone nach 9.00 Uhr bei 29 °C. Wir wollen gar nicht wissen, wie hoch die Temperaturen tagsüber waren. Der Tag war geprägt von gut zwanzig Kilometern mit den stärksten Auf- und Abstiegen im Rahmen unserer bisherigen Tour. Nichtsdestotrotz war der Ausblick von Lo Speco absolut sehenswert, ebenso wie weiter oben der Blick zurück in das Tal, in dem Stroncone und Terni liegen. Und schließlich konnten wir in der Ferne zum ersten Mal Rom mehr als nur erahnen – grandios. In der Summe war es trotz allem ein sehr, sehr anstrengender Tag und wir sind heilfroh, dass wir jetzt im Hotel sind und uns waschen, duschen und später unser Essen genießen können.

10.08./20.30 Uhr Preisfrage: Wie viele Leute waren gestern in Stroncone in unserem Hotel über Nacht? Richtig, zwei! Wie viele Leute waren davor in Greccio in unserem Hotel über Nacht? Zwei! Von Rieti wissen wir es leider nicht, vielleicht waren wir zu dritt. Wie viele Leute sind wir heute Abend beim Essen? Zwei! Mit wie vielen Leuten waren wir gestern beim Essen? Ui, zehn oder so! Wie viele Leute waren vorgestern beim Essen? Zwei! Also, irgendwie ist das komisch: Wir treffen weder bei den Übernachtungen noch beim Essen auf andere Leute, obwohl die doch jetzt auch Urlaub und Ferien haben müssten. Was ist denn hier los?

Nasse Füsse – trockene Füße

14. Tag

Calvi dell' Umbria
Albergo La Pineta

- 15 km
- 5 Stunden
- ⇧ ca. 200 m
- ⇩ ca. 500 m

11.08. Calvi dell' Umbria
Albergo La Pineta

11.08./11.23 Uhr Wir verlassen Calvi dell' Umbria. Das Essen gestern Abend war wieder hervorragend, noch besser als alles, was wir bisher genießen durften – feinste italienische Gourmetküche mit internationalem Charakter! Die Portionen waren für ausgehungerte Wanderer jedoch etwas klein. Die Nacht selbst verlief für mich etwas unruhig, weil es zum einen im Zimmer sehr warm war und zum zweiten der Lärm von der Straße nicht zu überhören war. Das verleitete mich dazu, ein Handtuch nass zu machen und auf meinen erhitzten Körper zu legen. Trotz alledem geht es mir heute Morgen erstaunlich gut und der Tag fühlt sich klasse an. Ob es an dem guten Abendessen von gestern liegt?

11.08./11.47 Uhr, Zehn Dinge, auf die sich ein Pilger freut, wenn er wieder zu Hause ist

Weißwurst

Holzhaus

Weißbier

Waschmaschine

Wasserbett

Wasserbett

Baden

Brot backen

Nicht mehr gehen müssen

Immer frische Klamotten haben

Etwas lesen dürfen

Meine Mama

Abwechslungsreiches Essen

Martin Wastl (Toni lacht und meint okay)

Kühle Nächte

Auf meinen BMW

Vernünftiges Frühstück

Essen selber kochen

Joggen

Rennrad fahren

11.08./14.38 Uhr, Vom Essen Also mir wird das italienische Essen langsam etwas zu langweilig. Übers Frühstück brauchen wir ja kaum mehr reden – jeden Tag Zwieback, Cappuccino, Butter, Marmelade. Wenn wir viel Glück haben, der Mars mit dem Jupiter eine Konjunktion bildet und der Wind aus Westen kommt, kann's auch mal einen Saft dazu geben. Und wenn noch mehr Glück im Spiel ist, kann's

möglicherweise ein bisschen Schinken oder Käse und ganz vielleicht noch ein Croissant geben.
Das Abendessen dagegen ist grundsätzlich lecker, wie man das von den Italienern mit Nudeln, mit Pizza oder leckerem Fleisch auch kennt und zu schätzen weiß. Aber irgendwie fehlt die Abwechslung. Was wäre schon dabei, wenn es zum Fleisch zum Beispiel mal Reis oder gar Gemüse gäbe? Ab und an bestellen wir einen Salat extra. Dieser ist zumeist nur grün. Sollte er gar die Bezeichnung gemischter Salat tragen, wurde maximal ein Zehntel einer Tomate reingeschnitten. Die Italiener achten schon sehr darauf, uns ja keine unnötigen Vitamine zu verabreichen. Ich überlege, wie abwechslungsreich wir es in Deutschland haben. Grund dafür sind nicht zuletzt die vielen Restaurants mit internationaler Küche. Wir können zum Chinesen, zum Italiener, zum Kroaten, zum Griechen, zum Thailänder, zum Spanier, zum Mexikaner, zum Inder etc. essen gehen oder aber bewährtes Deutsches verzehren.

11.08./14.38 Uhr Wir sind in der Region Latium angelangt und ich spüre schon den Stolz Roms. Woran ich den bemerke? Die Häuser sind sehr gepflegt und wirken teuer. Die Gärten und Außenanlagen sind allesamt piccobello aufgeräumt. Keine Menschenseele ist zu sehen. Offensichtlich arbeiten die Leute in größeren Städten oder ziehen sich vor der Hitze ins Haus zurück. Seit wir Latium betreten haben, ist uns irgendwie die Heiligkeit des Franziskusweges abhanden gekommen. Und das obwohl Franziskus ja auch nach Rom gegangen ist, um dort seinen Orden zu beantragen. Woran das wohl liegt?

11.08./15.20 Uhr, Von den Mönchen Als wir vor einigen Tagen in Fonte Colombo waren, war es 12.00 Uhr mittags, als die dort lebenden Mönche – wir zählten ganze sechs! – ihr Mittagsgebet hielten. Wir waren in der Kapelle dabei, um das Gebet miterleben. Zum einen ist es sehr enttäuschend, nur sechs Mönche in einem Kloster zu sehen, zum anderen waren allesamt wenig konzentriert auf das, was im Mittagsgebet eigentlich angesagt sein sollte, nämlich das Gebet, die Stille, die Konzentration. Während einer der Mönche gleich den Platz in der Kapelle einnahm, um uns Touristen perfekt begutachten zu können, hatte der älteste der Mönche stets die große Uhr im Blick, um ja das Mittagessen nicht zu versäumen.

Ein anderer, der die Orgel spielte, hatte ausreichend damit zu tun, in seinem Notenheft hin und her zu blättern, um immer die richtigen Stellen zu finden. So konnte keine andächtige, spirituelle Stimmung aufkommen. Da waren wir, die Pilger und Gläubigen in den Sitzreihen, wohl konzentrierter bei der Sache als die Mönche.

Tags darauf im Kloster Greccio waren deutsche Mönche aus Köln und Bonn zu Besuch. Auch hier hatte ich nicht das Gefühl, dass es ihnen um Religion und Gebet geht. Der eine blätterte ständig in seinem Wörterbuch Italienisch-Deutsch, um einige Worte herauszukramen, die er dann einem Kollegen weitererzählen musste. Der andere hatte nichts Besseres zu tun, als Simone dabei zuzusehen, wie sie aus ihrem iPhone Adressen heraussuchte, um sie auf unsere Postkarten zu kritzeln. Einen dieser Mönche fragte ich, was sie denn in dieser Gegend alles unternehmen möchten, welche Klöster sie besuchen etc. Seine Antwort lautete schlicht und ergreifend, er habe keine Ahnung. Es gäbe einen unter ihnen, der sich um die Reise kümmert, dem fühlen sie sich anvertraut. Interessant, dachte ich: Die machen eine Pilgerreise an Orte wie eben das Kloster in Greccio und informieren sich vorher gar nicht darüber. Seltsame Mönche!

11.08./16.37 Uhr, Kletten An der Kirche von Vescovìle angekommen, ist mein Kunstinteresse nicht mehr ganz so groß. Unser Weg hat durch zahlreiche Sträucher geführt, und nun habe ich lauter Kletten an den Beinen und vor allem in den Schuhen. Ich bin jetzt also damit beschäftigt, meine Socken zu säubern, während Toni die Kirche besichtigt.

11.08./16.55 Uhr, Wow-Erlebnis in der Kirche von Vescovìle Gott sei Dank habe ich mich nach der gründlichen Reinigung der Schuhe und Socken doch noch aufgerafft, die allein auf weiter Flur stehende Kirche zu betreten. Der Wind weht die heiße Luft sanft um mich herum, während ich in die lang gezogene Kirche eintrete. Mein Blick muss sich erst an die Dunkelheit gewöhnen. Ich schreite mit größter Aufmerksamkeit für das Hier und Jetzt nach vorne zum Altar. Von links fällt ein Sonnenstrahl genau auf die erste Stufe des Altars. Es packt mich und ich knie nieder, genau auf die Stufe, genau in den Lichtstrahl. Ich neige meinen Kopf zur Erde. In dem Moment glaube ich, Gott zu spüren, und fühle Dankbarkeit, leben zu dürfen. Mein Herz empfindet gerade das Leben als großes Geschenk.

11.08./17.46 Uhr, Erkenntnis Je älter ich werde, desto mehr ist es so, dass ich mich an Dingen erfreuen kann, sie aber nicht mehr besitzen muss. Das kann ein Tier sein, ein schönes Haus mit Garten in den Bergen oder auch ein schickes Motorrad, ein feines Boot, tolle Kleidung, vielleicht ein gut gepflegter Oldtimer, es kann kurzum alles Materielle sein, auch wenn es mir nicht gehört. Neidlos kann ich es betrachten, mich daran freuen und es wieder loslassen. Das ist schön. Ich denke, man muss tatsächlich in ein gewisses Alter kommen, um dieses Stadium zu erreichen. Besitz schafft auch Last, und je mehr Besitz man hat, desto mehr Verantwortung lädt man sich auf seine Schultern. Je mehr Reichtum man anhäuft, desto mehr Sorgen macht man sich, dass man beklaut werden könnte. Je mehr Häuser man besitzt, umso mehr muss man sich darum kümmern. Auf einiges trifft das sicher nicht zu. Aber die schönen, nützlichen Dinge von den unwichtigen, lastvollen zu unterscheiden, ist schwer. Dazu braucht man Lebenserfahrung.

11.08./17.49 Uhr, Erinnerungen pflücken Eine Freundin meiner Mutter ist Altenpflegerin und betreut viele alte Leute. Sie sagt immer wieder: Das, was im Leben zählt, sind die gesammelten Erinnerungen und schönen Erfahrungen. Wenn man zum Beispiel an Alzheimer erkrankt, bleibt das Langzeitgedächtnis erhalten. Der Kranke kann sich noch an die Ereignisse und Dinge erinnern, die er früher einmal erlebt hat. Und wenn man ein schönes und erfülltes Leben hatte, auf das man zurückblicken kann ist es doch noch schöner, als wenn man sich großteils mit dem Leben herumgeschlagen hat und sich an wenig schönes erinnern kann. Diese Wanderung wird mir zweifelsohne im Gedächtnis bleiben und die bis jetzt schönste Erinnerung in meinem Leben darstellen. Also auf – Erinnerungen pflücken!

11.08./19.00 Uhr, Fazit des heutigen Tages: Nasse und trockene Füße, grandiose Ausblicke Heute mussten wir zwei Bachläufe durchqueren. Glücklicherweise war der breitere Bach vollkommen trocken, sodass es ein Leichtes war, ihn zu überwinden. In einem Waldtal stießen wir jedoch auf einen kleineren Bach, der Wasser führte. Simone wurde trotz der Plastiktüten an den Füßen patschnass, weil sie undicht waren. Es war für sie eine ziemliche Überwindung, diese »verschlammten« Beine in ihre Socken und Schuhe zu stecken. Ich hingegen wollte nicht nass werden. Dafür haben mich auf meinem Umweg durch das Dickicht die Dornen an Händen und Beinen ziemlich zerkratzt. Der Weg heute war weiter dadurch gekennzeichnet, dass wir stets an Hügelkämmen entlang wanderten und grandiose Ausblicke auf die Landschaft genießen konnten. Da es relativ heiß war, entpuppte sich die etwa 15 Kilometer lange Tour dennoch nicht als Kinderspiel. Wir sind um 10.15 Uhr in Calvi dell'Umbria losmarschiert, verließen den Ort nach einem längeren Fotoshooting jedoch erst gegen 11.00 Uhr. Um 17.00 Uhr sind wir in der Albergo La Pineta angekommen. Zwischendurch machten wir zwei bis drei kleinere Pausen von jeweils einer Viertelstunde und eine größere Pause von 13.30 bis 14.30 Uhr.

Eine überraschend kurze Tagesetappe

15. Tag

Albergo La Pineta
Poggio Mirteto

- 14 km
- 4 Stunden
- ⇧ ca. 350 m
- ⇩ ca. 250 m

12.08. Albergo La Pineta
Poggio Mirteto

12.08./9.00 Uhr, Vom gestrigen Dreierglück und Dreierpech Als wir gestern Abend in der Albergo La Pineta zum Essen gingen, lachte uns in dreifacher Hinsicht das Glück:

1. Wir haben das erste Mal auf unserer Reise Spaghetti Arrabiata bekommen. Dazu muss man wissen, dass es das absolute Lieblingsgericht von Simone ist.
2. Wir haben tatsächlich einen gemischten Salat bekommen, soll heißen in dem Salat waren grüner Salat, außerdem Gurken, Tomaten und Karotten drin – kurzum, reichlich Vitamine!
3. Der Chef des Hauses hat von einem riesigen Fleischberg ein Schnitzel heruntergeschnitten und über dem offenen Feuer gegrillt. Da konnte ich mich nicht zurückhalten und musste nach der Riesenportion Spaghetti Arrabiata noch ein Riesenstück Fleisch verdrücken. Und, was soll ich sagen? Ich habe es nicht bereut.

Nun zum Dreifachpech während der Nacht:

1. Simone behauptet steif und fest, dass sich in diesen Betten Milliarden Bettflöhe halten, was uns daran

gehindert hat, vernünftig zu schlafen. Sie kratzte sich sekündlich hier und da. Dabei wackelte ständig das gesamte Bett hin und her. Und plötzlich setzte auch bei mir der Juckreiz ein. So kratzten wir uns gemeinsam durch die Nacht.

2. Direkt unter unserem Balkon bewachten mehrere Hunde den Hof. Ab etwa 4.00 Uhr früh haben sie wohl irgendwelche dunklen Gestalten ausgemacht. Die Folge davon war eine Kläfforgie über mindestens zwei Stunden.
3. Die Matratze von Simones Bett hing in der Mitte etwa 30 Zentimeter durch, so dass auch deswegen an einen erholsamen Schlaf nicht zu denken war. Aber nun gut, irgendwie haben wir die Nacht überlebt. Wir sind um 8.00 Uhr aufgestanden und stellen entsetzt fest: Die Albergo La Pineta hat am Dienstag Ruhetag. Es gibt kein Frühstück und die nächste Ortschaft Selci ist von der Albergo drei Kilometer entfernt. Auf dem Weg dorthin befinden wir uns jetzt. Vom schlechten Schlaf ermattet, laufen wir ausgehungert in Richtung Selci Centro, um in irgendeiner Bar etwas Vernünftiges zu essen. Natürlich geht es steil bergauf, was nicht anders zu erwarten war.

12.08./9.30 Uhr Als wir die Albergo La Pineta verließen, stand unser Herbergswirt zufällig um die Ecke im Garten und wir konnten ihm noch die beiden Stempel für unsere Pilgerpässe abringen. Er hat uns dann noch allerlei Gutes hinterhergerufen – so jedenfalls hoffen wir – und uns den rechten Weg gezeigt. Ohne Frühstück verließen wir also die Albergo und machten uns auf den Weg nach Selci. Der Weg ist etwa drei Kilometer lang und der letzte Kilometer führt, was nicht anders zu erwarten war, steil bergauf. So verfluchten wir auf jedem Schritt dieser drei Kilometer unseren Herbergswirt. Nicht so sehr, weil er heute seine Albergo geschlossen hielt, sondern weil er seinen Übernachtungsgästen nicht einmal einen lausigen Zwieback und einen Kaffee servieren wollte.

12.08./10.40 Uhr, Die Gottesanbeterin und der schwarze Wolf Etwa 100 Meter vor dem Dorfeingang von Selci fährt ein Auto heran, hupt und bleibt stehen. Das ist für Italien sehr außergewöhnlich. Wer ist das? Richtig, unser Herbergswirt. Er fährt hinauf nach Selci, um vermutlich irgendwo zu frühstücken. Wir fragen ihn, wo es eine Bar gibt. Er empfiehlt uns die Bar »Nero Wolf« (Schwarzer Wolf). Dann fährt er von dannen. Weiter quälen wir uns die letzten Meter hinauf zum »Nero Wolf« und schimpfen und lästern erneut über unseren Wirt. Er hätte uns ja mit seinem Auto mitnehmen können. Wie dem auch sei: Schließlich kommen wir an der Bar an und decken uns mit Cappuccino, Vanillekrapfen und Tramezzini ein. Kaum haben wir uns hingesetzt, betritt auch unser Herbergsvater die Bar. Er begrüßt uns wie immer freundlich und fügt überraschenderweise an, dass er unser Frühstück bezahlen werde! Wir sind einigermaßen versöhnt und bestellen uns einen zweiten Gang Vanillekrapfen. Nebenan sitzt eine etwas ältere Frau, die sich ebenfalls über ihren Cappuccino hermacht. Plötzlich beginnt sie, an den Geranien herumzufummeln. Wir sehen genauer hin und bemerken, dass sie eine Gottesanbeterin in den Geranien entdeckt hat. Die Dame hält ihr ein Stäbchen hin, damit das Tier draufkrabbeln und sich dort präsentieren kann. Ein faszinierendes Insekt, sie passt ins Bild unserer Pilgerreise, ein »heiliges Tier« würde Simone sagen. Nach etwa einer Stunde haben wir also unser verdientes Frühstück hinter uns gebracht. Es bestand aus zwei Vanillekrapfen pro Nase, einem Tramezzini pro Person, Simone hatte zwei Cappuccino und zwei Gläser Saft – eine unglaubliche Völlerei! Zugegeben, bei mir kommt noch ein Schoko-Croissant dazu. Unsere Ränzlein bestens gefüllt, kaufen wir bei einem netten Metzger noch unsere Mittagsration und gehen von Selci wieder hinab, um den vorgesehenen Weg einzuschlagen.

12.08./11.01 Uhr, Von der Faszination dieser Reise Ich bin sehr beeindruckt und total begeistert von der Art und Weise, wie wir diese Pilgerreise verbringen. Alles hier ist so intensiv, so schön – man fühlt sich auf das Wesentliche reduziert und die wenigen reizerfüllten Augenblicke kommen umso intensiver an. Toni hat gestern Abend gesagt, er dürfe gar nicht darüber nachdenken, wie tief dieses Erlebnis für ihn sei, sonst müsse er weinen. An was kann das liegen? Ich denke, es ist die Mischung aus Körperlicher Belastung, Entlastung, Genuss, Entspannung, Weite, Verzicht und dem Träumen davon, was man sonst in seinem Leben gern hat, das aber im Augenblick nicht greifbar ist. Man wird demütiger und dankbarer, dem Leben und dem gegenüber, was es sonst zu bieten hat.

12.08./13.30 Uhr, Von der Verpflegung auf unserem Wanderweg Entweder gehen wir so abstruse Wege oder es ist in Italien tatsächlich so, dass es unterwegs quasi nirgendwo etwas zu kaufen oder zu essen gibt. Wir wandern durch viele Dörfer, durch viele Gehöfte, aber nirgendwo kommt man an Verpflegung. Und wenn wir tatsächlich einmal in ein Dorf mit Geschäften kommen, dann, ja dann ist Siesta. Von Mittag bis in den frühen Abend hinein hat jede Bar, jeder Laden, jedes Ristorante schlicht und ergreifend geschlossen. Deshalb ist es zwingend notwendig, sich bereits morgens mit den notwendigen Dingen für den Tag einzudecken. Versteh' einer Italien. Es kann natürlich gut sein, dass der Neid aus mir spricht, denn Nichtstun gehört nun mal nicht so zu meinen Tugenden.

12.08./13.45 Uhr, Erstes Fazit des heutigen Tages: eine überraschend kurze Wanderung Heute haben wir einiges an Überraschungen erlebt und werden wohl noch weitere erleben. Besonders spannend ist die Frage, ob wir in Poggio Mirteto überhaupt eine Bleibe für die Nacht finden werden. Die anvisierte Übernachtungsmöglichkeit konnten wir telefonisch

erst am heutigen Vormittag erreichen. Die Dame am anderen Ende der Leitung teilte uns mit, dass wir bis 14.00 Uhr eintreffen müssten. Sie könne auf keinen Fall länger auf uns warten. Das war gar nicht gut für uns, denn schließlich wussten wir da nicht, wie viel Zeit uns unsere Route heute beanspruchen würde. So stand diese Übernachtungsmöglichkeit wohl nicht zur Verfügung.
Und nun zur nächsten Überraschung, der Ankunft an unserem Zielort. Die letzten eineinhalb Wochen haben wir eigentlich immer davon geträumt, schneller voranzukommen als wir geplant hatten. Heute ist dieser Wunsch tatsächlich in Erfüllung gegangen. In nur gut 3½ Stunden haben wir die Strecke von der Albergo La Pineta nach Poggio Mirteto bewältigt. Vor uns liegt also ein langer Nachmittag, den wir hoffentlich nicht nur mit der Herbergssuche verbringen werden. Ich stelle mir ihn eher ruhig und angenehm vor, zumal das kleine Städtchen von außen sehr romantisch aussieht. Wir werden sehen. Lassen wir uns weiter überraschen!

12.08./14.15 Uhr, Langeweile kommt auf Wir sitzen im Stadtzentrum von Poggio Mirteto. Wie immer ist Siesta. Zum Glück hat eine Bar geöffnet, sodass wir wenigstens etwas zu trinken bekommen. Alle Geschäfte haben geschlossen. Es ist weder Mensch noch Ameise zu sehen. Und auf einmal, nachdem ich mein Cola Zero ausgetrunken habe, überkommt mich ein unendlicher Heißhunger auf eine Leberkässemmel, und zwar eine Vollkornsemmel mit einem Schuss Ketchup drauf. Simone hat hingegen andere Wünsche:

Ich sehne mich nach einer Waschmaschine, einem Klo mit Klobrille, einer großzügigen Dusche, einem Parfüm, das meinen Körpergeruch übertüncht, und einem sauberen großen Doppelbett ohne Besucherritze.

Wie wär's noch mit einem Pool, an dem wir relaxen und schwimmen können?

Ja, das wäre auch okay!

12.08./15.00 Uhr Wir haben tatsächlich noch eine Herberge innerhalb Poggio Mirtetos gefunden – die Albergo da Peppino. Ich finde kaum Worte, um die Qualität dieses Hotels zu beschreiben. Vielleicht diese: Es ist eine Herberge. Oder – wie wir versuchen, es in Worte zu fassen: »Das ist noch nicht das untere Ende der Fahnenstange.« Wir nehmen auf dem »Ätzbalkon« das aus Selci mitgebrachtes Mittagessen ein. Unsere Salami, unseren Schinken und unsere Brötchen. Und dann geschieht etwas Seltsames mit uns: Es wird langweilig! In den letzten eineinhalb Wochen war unser Tagesablauf klar vorgezeichnet: morgens aufstehen, frühstücken, alles packen, fertig machen zur Abreise, vielleicht noch eine letzte Orientierung, wie der Weg an diesem Tag verläuft. Abmarsch, auf dem Weg sein, abends um 17.00 Uhr, vielleicht 18.00 Uhr, manchmal auch erst 19.00 Uhr am Zielort ankommen. Schnell die notwendigen Klamotten waschen, sich etwas ausruhen und zum Abendessen gehen. Es blieb kaum freie Zeit, um anderes zu tun, um an anderes zu denken. Und jetzt auf einmal haben wir bereits am Nachmittag all das hinter uns gebracht.

12.08./16.30 Uhr, Sorge um das Abendessen Wir streunen durch die Stadt. Es ist ein fürchterlich komisches Gefühl, in irgendeiner Stadt »ausgespien« zu werden, nicht wissend, was es da zu tun und zu sehen gibt. So »stromern« wir sinnentleert hin und her und machen uns auf die Suche nach einem Speiselokal. Die erweist sich wiederum als nicht ganz einfach.

Albergo La Pineta
Poggio Mirteto

Offensichtlich haben alle Gastwirte Urlaub: das Fischrestaurant, die Pizzeria, die Lokanta – alle geschlossen! Das kann ja heiter werden!

12.08./18.00 Uhr, Vor dem Friseur Toni lässt sich die Haare schneiden. Er hat's gut! Ich würde mich auch gerne pflegen lassen, aber es ist nur ein Herrenfriseur zu finden. So habe ich ein wenig Zeit, mit meiner Mama zu telefonieren. Es ist ein komisches Gefühl, nach so langer Zeit Kontakt mit zu Hause aufzunehmen. Etwas Vertrautes dringt von weit her zu mir durch. Diese vergangenen zwei Wochen kommen mir sowieso vor als wären es drei Jahre. So genieße ich die vertraute Stimme meiner Mutter. Ich höre aufmerksam zu, was sie sagt – sonst gelingt mir das nicht immer. Aber jetzt sauge ich jedes Wort in mir auf. Ich spüre Heimweh. Aber natürlich spüre ich auch: Ich will nach Rom!

12.08./20.00 Uhr, Essen – und: Wie wird die Nacht? Als wir nach endloser Suche das einzige Ristorante in Poggio Mirteto finden, sind wir sehr froh, dass es klimatisiert ist. Zum super Essen gibt's auch einen Salat.

Als wir beim Essen sitzen, denke ich mit Grauen an die kommende Nacht. Letzte Nacht bewohnten wir ja schon eine »Wanzenbude« und die Herberge heute sieht nicht vielversprechender aus. Im Gegenteil: Sie scheint das Schlimmste zu sein, was ich bis jetzt in meinem Leben betreten habe. Während ich das herrliche Risotto esse, nehme ich mir vor, die Augen zu schließen und sofort zu schlafen. Um dann morgens aufzuwachen, die Augen zu öffnen und dieses Ekelzimmer sofort zu verlassen. Voller Galgenhumor stelle ich mir vor, wie die mitgebrachten Bettwanzen aus der Albergo La Pineta mit den hier heimischen eine heiße Party feiern. So gibt es wenigstens keine Inzucht!

Auf dem Weg zum Kloster

16. Tag

Poggio Mirteto
Farfa

11 km

4 Stunden

ca. 260 m

ca. 300 m

13.08. Poggio Mirteto Farfa

13.08./8.59 Uhr, Juhu! Kein Frühstück in der Pension Unsere Ekel-Albergo bietet – Gott sei Dank – kein Frühstück an. Deshalb gehen wir in den Ortskern hinauf, um dort in einer Bar ein leckeres Frühstück einzunehmen.

13.08./9.00 Uhr, Unsicherheit macht sich breit O je, wir wissen immer noch nicht, wo wir die nächsten Tage übernachten werden. Heute Abend schlafen wir zum ersten Mal in einem Kloster. Wir konnten aber noch kein Hotel für die nächsten zwei Etappen auftreiben. Diese Unsicherheit beschäftigt uns sehr. Deshalb kaufen wir in einem Buchladen eine Straßenkarte, weil wir wahrscheinlich sogar von der geplanten Route abweichen müssen.

13.08./9.08 Uhr, Gefühle für eine Stadt Ich weiß nicht, wie es anderen geht, bevor sie eine Stadt zum ersten Mal besuchen. Bei mir ist es so, dass ich Städten Gefühle zuordne. Bevor ich hier in Poggio Mirteto einlief, war ich schon schlecht gelaunt und so blieb es auch die ganze Zeit über. Was nicht zuletzt an der grässlichen Albergo lag. Aber auch sonst ist die Stadt irgendwie komisch: Sie ist nicht gemütlich, sie hat kein Flair, sie hat keine Ausstrahlung. Die Leute sind nicht besonders freundlich und man kommt sich dort beinahe aussätzig vor, weil man mit Wanderkleidung und Rucksack ausstaffiert ist. Woran das liegt, kann ich nicht genau sagen. Wir werden jetzt erst einmal frühstücken, vielleicht geht es mir dann besser. Ich bin auf jeden Fall froh, diese Stadt in Kürze verlassen zu können und zu neuen Abenteuern zu schreiten.

13.08./10.40 Uhr, Vom Träumen Wenn man mehrere Tage ohne Fernseher und ohne große technische Errungenschaften umherwandert, entzieht man sich der sonst allgegenwärtigen Informationsflut. Und so fallen nachts die Träume anders als im normalen Alltag aus. Längst vergangene Erlebnisse oder Personen tauchen auf und bescheren einem Erinnerungen und sehr lebhafte Träume. Sie werden nicht beherrscht vom bloßen Abarbeiten der Alltagssorgen oder Alltagssituationen, sondern das Gehirn kramt sich Erinnerungen an früher hervor. Irgendwie schön – man taucht ein in eine längst vergessene Vergangenheit.

13.08./10.41 Uhr, Ladies' Night Simone hat gerade über ihre Träume gesprochen und deshalb möchte auch ich meine »Gute-Nacht-Geschichte« preisgeben. Heute Nacht, vom 12. auf den 13. August, war Ladies' Night. Ich begegnete im Schlaf unheimlich vielen Frauen, die ich im Laufe meines Lebens kennen und lieben gelernt habe, und zwar zurück bis ins Kindesalter, als ich zwölf oder dreizehn war. Das war sehr angenehm – zumindest aus heutiger Sicht. Aus der Distanz fühlte ich mich ruhig und versöhnt mit vielen erlebten Gefühlen. Es hat mich nicht aufgewühlt. Im Gegenteil: Es ist gut, so wie es ist, und es ist gut, so wie es war.

13.08./14.30 Uhr, So ist das beim Wandern Das Wandern ist eine sehr beeindruckende Geschichte. Es gibt Tage, da bist du nur Rucksack, spürst das Gewicht auf deinem Rücken und kannst dich diesem Gedanken nicht eine Sekunde entziehen. Mit jedem Schritt drückt und schmerzt und quält er dich. Es gibt aber auch Tage, da fühlt sich dein Rucksack mit dem wenigen Hab und Gut federleicht an. Es gibt auch Tage, da fällt dir jeder Schritt schwer. Die Wanderung wird zur Qual, der Schuh drückt, die Welt und alles um dich herum scheint stillzustehen. Du kommst und kommst nicht vorwärts. Du siehst das Ziel, doch es will um alles in der Welt nicht näher rücken, obwohl du gehst und dich mühst und gehst und Dich mühst. Und es gibt Tage, da fliegt dir dein Ziel regelrecht entgegen. Der Weg scheint mühelos zu sein und man plaudert und lacht. Ebenso verhalten sich das Plaudern, das Reden, das Lachen, das Singen. Es gibt Tage, da bist du gesprächig und die Themen sprudeln nur so aus dir heraus. Es folgen aber auch Tage, an denen man einfach still nebeneinander hergeht. Jeder denkt für sich allein. Man tauscht sich erst abends beim Abendessen aus, erzählt, was einen bewegt, was man gesehen, gespürt, gerochen, gefühlt hat. Und es gibt Unterkünfte, die sind eine Erholung. Eine Erholung für den Körper, eine Erholung für die Seele. Es gibt aber auch Unterkünfte, die sind einfach nur Schlafmöglichkeiten – ein Bett, eine Waschmöglichkeit, nichts weiter. Es gibt Essen, das stärkt, das Kraft gibt, das Mut verleiht. Und es gibt Nahrung, die du einfach zu dir nimmst, um dich zu stärken. Es gibt Tage, da kannst du noch so viel trinken und du wirst den Durst nicht besiegen. Und es gibt Tage, an denen du kaum Flüssigkeit benötigst. Es gibt Orte, die dich berühren, die deine Seele ergreifen. Orte, an denen du dich sofort wohl fühlst. Aus weiter Ferne schon spürst du, wie dich etwas daran in seinen Bann zieht. Und es gibt Orte, an denen du froh bist, sie verlassen zu dürfen, an denen dein Herz nicht hängt und wo dein Auge keine schöne Ecke erblicken kann.

Es gibt Augenblicke der Verzweiflung. Augenblicke, an denen man glaubt, nicht weiter wandern zu wollen. Und es gibt Stunden und Tage, an denen man sich nichts anderes wünscht, als zu wandern und nur mit dem Notwendigsten ausgerüstet durch die Welt zu ziehen. Es gibt Tage, da tragen dich deine Beine wie von selbst, und Tage, an denen du die Beine tragen musst. Es gibt Tage voller Kraft und voller Mut. Und es gibt Tage, an denen du morgens schon niedergeschlagen aufstehst und deinen Weg in Angriff nimmst.

Es gibt Tage, an denen man in der Früh um 8.00 Uhr schon beim Frühstück sitzt und losgehen möchte. Es gibt aber auch Tage, an denen sitzt du um 10.00 Uhr noch am Frühstückstisch und hast keine Lust, dich auf den Weg zu machen. So eine Wanderung hinterlässt einfach unendlich vielfältige Eindrücke, vor allem den schönen Blick über die weite Landschaft und das hautnahe Erleben der Natur: den Wind fühlen, in der Sonne glühen, die Frische des Waldes spüren, den Aufstieg auf einen Berg erzwingen, den Abstieg in ein Tal genießen. Unerschöpflich scheinen die Impressionen, die man auf einer Pilgerreise gewinnt. Und jetzt, zwei Tage vor Rom, werden wir allmählich wehmütig, weil es bald vorbei sein wird. Es war bis jetzt eine unglaubliche Reise mit mannigfaltigen Erlebnissen. Wir können uns kaum vorstellen, in zwei Tagen eine Millionenstadt zu erreichen. Die moderne Welt mit ihren unzähligen Geschäften, ihrer Umtriebigkeit und Hektik erwartet uns. Jetzt sind wir aber erst einmal in Farfa, in der Benediktinerabtei, angelangt. Es sieht nach Siesta aus – Ruhe allerorten, Einkehr, Stille. Heute werden wir mit den Klosterschwestern zu Abend essen. Wir sind neugierig und gespannt.

13.08. / 16.00 Uhr, Meine liebe Oma Wir liegen in der Benediktinerabtei im klösterlichen Bett. Über mir hängt eine Lampe. Toni findet sie lustig. Ich blicke nach oben und muss sofort an meine Großmutter denken. Dabei fällt mir eine Geschichte aus meiner Kindheit ein. Ganz früher, als ich noch nicht einmal in den Kindergarten ging, war ich oft bei meiner Oma über Nacht. Und ich denke zurück an den Tagesablauf bei meiner geliebten Großmutter: Meine Oma hat ein kleines Siedlungshaus in der Vorstadt von Augsburg. Ich wache durch das Gurren der Stadttauben auf, die auf dem kleinen Fensterbrett im ersten Stock sitzen. Ich freue mich, bei meiner Oma zu sein. Und dann tapsen meine kleinen Füße die steilen Treppen nach unten in die Küche, wo sich Oma in einer blauen Schürze schon sehr geschäftig am Herd zu schaffen macht.

Sie steht ja viel früher auf als ich, vielleicht schon um sechs. Jetzt jedenfalls ist es acht Uhr morgens. Sie bereitet mir mein Frühstück zu, klemmt den Laib Brot an ihre Brust und schneidet zum Körper hin ein Stück davon ab. Jedes Mal habe ich Angst, sie könnte sich in den Busen schneiden. Sie aber lacht nur herzhaft über meine unnötige Sorge. Mit Butter und Marmelade bestrichen, schmeckt das große Stück Brot einfach herrlich.

Währenddessen köchelt schon die Rindersuppe für die Griesknödel am Mittag vor sich hin. Während ich frühstücke, knetet Oma den Grießknödelteig aus Eiern, Mehl, Gries uns was sonst noch alles reingehört. Dazwischen spiele ich mit altmodischen Puppen in

der dampfenden Küche. Mittags essen wir zusammen die köstliche Suppe und verbringen anschließend ein paar Stunden in ihrem wunderschönen Garten. Am Nachmittag gehen wir zum »Holzapfel«. Das ist ein kleines Geschäft, in dem man alles einkaufen kann. Dort gibt es diese kleinen Pixi-Bücher, die in schönen Bildern Geschichten für Kinder erzählen. Mit einem dieser Pixi-Bücher geht's weiter zu Frau Pfaller. Sie wohnt in der gleichen Straße wie meine Oma. In ihrer Küche steht eine Zuckerdose, aus der sie mir zum Abschied regelmäßig 50 Pfennig schenkt.
Dankbar gehe ich mit Oma wieder nach Hause. Es dämmert schon, meine Oma macht das Licht im Hof an und sperrt das Gartentor ab. Danach reden wir noch ein bisschen, um zusammen mit einer »Bettflasch« im großen Bett einzuschlummern. So verlief jeder Tag bei meiner Oma gleich. Dort lernte ich auch den Spruch: »Man soll morgens essen wie ein König, mittags wie ein Kaiser und abends wie ein Bettelmann!« Im Gegensatz zu meinem Oma-Tag sollen die Tage heute immer abwechslungsreicher sein. Dabei hatten die Tage bei Oma auch ihre spannenden Momente. Allerdings lagen diese eher im Detail. Heutzutage brauchen wir immer alles sofort. Wir

■ **Die Abtei in Farfa** Die Benediktinerabtei ist eines der berühmtesten Baudenkmäler des Mittelalters. Neuere Ausgrabungen und Forschungen haben ergeben, dass ihre Ursprünge bis in die römische Zeit zurückreichen. Im Mittelalter wurde Farfa innerhalb von wenigen Jahrzehnten eines der bekanntesten und bedeutendsten Zentren Europas. Sogar Karl der Große war hier zu Besuch. Das Innere der dreischiffigen Basilika ist durch zwei Reihen eleganter ionischer Säulen unterteilt. Darstellungen von Heiligen- und Bibelerzählungen schmücken die Apsis und die kleineren Kirchenschiffe. In der ersten Kapelle rechts ist eine Kreuzigungsdarstellung zu sehen. (Kopie von Francesco Trevisani), in der zweiten eine Madonna mit Kind und zwei Engeln. »Madonna von Farfa« heißt das großartige Tafelgemälde aus dem 13. Jahrhundert. Im 19. Jahrhundert wurde es mit einer gehämmerten Messingplatte bedeckt, aus der nur noch die Gesichter hervorschauen.

brauchen Shrimps und Mangos, die von weit her importiert werden müssen. Wir können nicht zwei Tage hintereinander das Gleiche essen. Wir müssen den Nanga Parbat bezwingen, wir müssen Fallschirmspringen, wir müssen neue Grenzen erreichen – je extremer, desto besser – und haben darüber vergessen, wie schön so ein »einfacher« Tag bei Oma war. Das macht mich traurig. Aber das ist wohl das Gute an dieser Pilgerreise: Ich besinne mich wieder darauf, was wichtig und schön ist an einem ganz normalen Tag im Leben eines Menschen.

13.08./20.00 Uhr, Im Kloster Zum ersten Mal auf unserer Pilgerwanderung essen wir in einem Kloster zu Abend. Es gibt Spaghetti mit Tomatensoße, zubereitet aus selbst gemachten Nudeln – ein einfaches Essen und doch so schmackhaft. Als zweiten Gang bekommen wir gegrillte Hühnchenbrust mit Fenchelgemüse und gebackenen Kartoffeln, dazu einen grünen Salat. Die Klosterschwestern bedienen uns und wir müssen geduldig sein – die vielen älteren Herrschaften genießen Vorrang. Die Schwestern ziehen uns, obwohl wir noch Hunger haben, die Schüsseln weg. Dennoch fühlen wir uns behütet, alles wirkt so fromm hier. Es hat etwas Beruhigendes und Vollendetes.

13.08./23.55 Uhr, Der Abend im Kloster Die einzige Trattoria in Farfa hat ausgerechnet heute Ruhetag. Wir haben uns am Nachmittag eine Flasche Rotwein gekauft, weil wir schon ahnten, dass die klösterliche Versorgung in Sachen Alkohol nicht perfekt sein würde. Und so beschließen wir, uns im Klostergarten niederzulassen. Auf zwei Plastikstühlen sitzen wir hier, um in den herrlichen Nachthimmel zu blicken, geradeaus über den verwunschenen

Klostergarten hinweg. Vor uns steht eine Statue, die Papst Johannes Paul II. eingeweiht hat. Hinter uns erklingt der sanfte Lärm der Menschen im Dörfchen, über uns strahlt der Sternenhimmel und wir sind allein an diesem einsamen Ort. Es kommt ein Gefühl von großer Verbundenheit und Liebe auf. Wir fühlen uns beseelt von diesem wunderbaren Augenblick. Er ist ein weiteres einmaliges Highlight dieser Wanderung: Wir sitzen im Dunkeln, genießen eine fantastische Sommernacht mit lauen Temperaturen, lauschen dem Zirpen der Grillen und fühlen uns rundum behütet von Gott und der Welt. Wir küssen und kuscheln und lachen noch bis spät in die Nacht hinein. Toni und ich sind wieder ein richtiges Liebespaar.

Das urplötzliche Ende

17. Tag

Farfa

Roma

- 10 km
- 2 Stunden
- ⇧ ca. 400 m
- ⇩ ca. 150 m

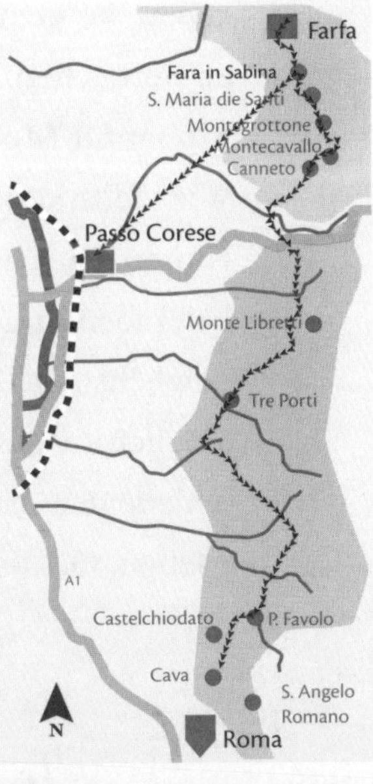

14.08. Farfa
Roma

14.08./6.30 Uhr, Von der Gleichförmigkeit des Lebens im Kloster zum realen Leben Während wir hier verschiedene Klöster besuchen und Mönche und Nonnen erleben, stellt sich die Frage, wie das Leben in einem Kloster wohl so abläuft. Eines steht auf jeden Fall fest: Es folgt einem stets gleichen Rhythmus: frühmorgendliches Aufstehen, das Gebet, das Frühstück, die vormittägliche Beschäftigung mit dem Garten oder mit anderen Dingen, das gemeinsame Mittagsgebet und Mittagessen, vielleicht eine nachmittägliche Siesta, möglicherweise gemeinsames Arbeiten, Studieren, gemeinsame Lektüre, das Abendgebet, das gemeinsame Abendessen, Nachtgebet und zu Bett gehen. Und das Tag für Tag, Woche für Woche, Monat für Monat, Jahr für Jahr.
Wie viel anders sieht da unser Leben außerhalb der Klostermauern aus: ab in die Arbeit, rein in den Feierabend und möglichst viel Freizeit konsumieren, möglichst viel Urlaub, möglichst viel Abwechslung, möglichst viele neue Ideen, möglichst an vielen verschiedenen Orten auf dieser Welt sein, möglichst viel erleben, Genuss pur zu jeder Zeit, an jedem Ort,

überall und stets griffbereit. Da ist der Kontrast zum Klosterleben doch enorm. Gibt es dort wirklich ein erfüllendes Leben? Oder ist sogar das reguläre, also unser Leben, gar nicht so lebenswert, da wir irgendwohin rennen, wo es gar nichts zu finden gibt – selbst dann nicht, wenn wir danach suchen.
Nehmen wir zum Beispiel das Reisen: Nahezu überall auf dieser Erde ist es mittlerweile möglich, gleichartige Produkte zu bekommen! Warum also reisen? Über das Internet, über das Satellitenfernsehen bist du überall auf der Welt zu Hause. Ist es also von Wert, um die Welt zu reisen? Liegt nicht vielleicht das Glück, die Freude darin, den Nachbarn im eigenen Ort oder sogar im eigenen Haus kennenzulernen, sich mit ihm zu treffen, um Ideen auszutauschen, gemeinsam etwas zu tun. Ist es denn so, dass viel Beschäftigtsein auch viel Leben heißt? Bisweilen denke ich – nein! Tagtäglich stürzen viel zu viele Eindrücke auf uns ein, es bleibt zu wenig Ruhe, um all das auch bewusst erleben und reflektieren zu können. Doch der moderne Mensch scheint so zu funktionieren: Viel Action ist viel Leben. Ist dem wirklich so?

14.08./7.00 Uhr, Die Nacht im Kloster Wir ließen einfach die Zimmertür offen. Ein sanfter Wind bewegte die langen Vorhänge. Er verschaffte uns einen kühlenden Lufthauch und so schliefen wir selig. Allerdings war ich etwas unruhig, weil die Tür offen stand. Ich bin da fast wie ein verängstigtes Tier: immer auf der Hut. Aber ansonsten war die Nacht unglaublich ruhig. Kein Geräusch drang von außen herein. Erst morgens, als der Tag schon graute, krähte direkt unter unserem Fenster garstig ein Hahn. Er tat das vier-, fünfmal und dann kehrte wieder Ruhe ein. Etwa eine halbe Stunde später kündigte er noch einmal laut und kräftig den neuen Tag an. Da war die Nacht endgültig zu Ende.

14.08./7.20 Uhr, Morgendliche Messe Morgens um 7.30 Uhr wird in der Klosterkapelle die Morgenmesse gehalten. Eigentlich wollten wir ausschlafen, aber der Hahn hat uns keine Ruhe gelassen. Also schleppen wir uns müde und unausgeschlafen in die Kapelle. Die hinteren Bänke sind mit Klosterschwestern besetzt. Wir reihen uns irgendwo in der Mitte ein. Drei Priester zelebrieren gemeinsam die Messe. Die morgendliche Sonne schickt ihre ersten Strahlen in die Kapelle. Alles wirkt unglaublich feierlich – fast heilig. Wir sind angekommen! Von mir fallen alle Last und alle Sorgen ab. Als ob der allmächtige Gott anwesend wäre und mich zur Kenntnis nimmt. Kurz ist der Augenblick – das Hier und Jetzt verschwimmt. Ich tauche ein und verstehe. Es gibt nichts mehr außer diesem einen Gefühl: Alles ist gut, ich habe keine Angst mehr! Und dann ist es vorbei – ein kurzer Blick in die Ewigkeit. Ich fühle mich unendlich geborgen. Ich fühle mich verstanden. Ich bin ich! Ich bin am Ziel!

14.08./11.05 Uhr, Klosterschwestern Beim Anblick von Nonnen erinnere ich mich immer an meine bisherigen Berührungspunkte mit Klosterschwestern. Bereits im Kindergarten gab es eine Klosterschwester, die ich sehr liebte. Sie war eine etwas molligere Dame um die 50. Sie nahm sich meiner an, als ich sehr unglücklich war, da ich den ganzen Tag in den Kindergarten gehen musste. Meine Eltern verschafften sich dadurch ein bisschen Luft und Erleichterung. Und so denke ich an diese Schwester Oberin, wie ich sie als Kind liebte – fromm und ehrlich.

14.08. / 11.12 Uhr, Der ehrwürdige Weg Unser Weg fängt direkt hinter dem Kloster an. Es ist offensichtlich ein uralter Pilgerweg. Und so sieht er auch aus: Die Bäume wachsen wie ein Dach über unseren Köpfen, schließen uns ein, schön schattig ist es, große Steine liegen herum und wir müssen auch schon durch hohes Gras gehen. Es macht Spaß, am vorletzten bzw. letzten Tag unserer Wanderung einen so ehrwürdigen Weg gehen zu dürfen.

14.08. / 11.30 Uhr, Vom Internet und den Mobiltelefonen Während wir hier wandern, stellen wir fest, dass wir es eigentlich nicht vermissen – weder das Internet noch das Mobiltelefon. Doch wie abhängig ist man davon im regulären und normalen Leben! Man scheint nicht zu existieren, wenn man nicht angerufen wird und keine dringende E-Mail-Nachricht eintrifft. Man glaubt, tot zu sein. Ich erinnere mich an eine Zeit, in der es beruflich ruhiger und ich tatsächlich vom Festnetzanschluss mein Mobiltelefon angerufen habe, um zu überprüfen, ob es noch funktioniert. Und ebenso habe ich mir selber E-Mails geschrieben, um sicher zu sein, dass mein E-Mail-Account und der Internetzugang noch in Ordnung sind. Erschreckend,

wie abhängig man sich von diesen Dingen heutzutage macht. Und interessant ist auch, dass man schon nach wenigen Tagen auf der Wanderschaft merkt, dass es gar nicht so wichtig ist.
Bemerkenswert ist zudem von hier draußen die Beobachtung, wie radikal sich das Leben in dem letzten Jahrzehnt durch die Nutzung dieser Techniken verändert hat. Wie man heute über das Internet Flüge, Züge, Hotels bucht, wie man binnen kürzester Zeit an Informationen kommt, wo vor Jahren noch der Besuch einer Bibliothek ganz oben auf der Prioritätenliste stand. Das Mobiltelefon macht es möglich, überall und jederzeit jeden erreichen zu können, während man früher auf Festnetzanschlüssen Anrufbeantworter besprochen hat und darauf wartete, Antwort zu bekommen. Und so manches Mal hat ein Anrufbeantworter die Anfragen verschluckt, das Band war kaputt, die Batterie hinüber und der wichtige Rückruf blieb aus. War es vor zehn Jahren ohne Internet und ohne Mobiltelefon überhaupt möglich, geschäftlich aktiv zu sein? Wie hat das damals funktioniert? Es kommt einem vor, als wäre es das graue dunkle Mittelalter gewesen, in dem man mit Rauchzeichen versuchte, sich zu verständigen.

■ **Wichtiger Hinweis** Wir haben es nicht ganz geschafft, zu Fuß nach Rom zu kommen. Das lag zum einen am mangelnden Bargeld für die Übernachtungen. Zum anderen war es für uns unmöglich, an dieser Wegstrecke im August Unterkünfte zu finden. Selbstverständlich kann man die Wanderung nach Rom fortsetzen. Jedoch macht es wenig Sinn, die letzten Kilometer nach Rom zu Fuß zu laufen, weil die Vorstädte dem Wanderer nichts zu bieten haben. Auch die Verkehrsstraßen sind breit, stark befahren und für Fußgänger bisweilen auch gefährlich. Wer jedoch dennoch weitergehen möchten, sollte sich vorab die nötigen Informationen für die letzte Etappe beschaffen.

Ehrlich gestanden: Wir haben ein Mobiltelefon dabei – allerdings mit einer italienischen SIM-Karte. Das brauchen wir zur Buchung der nächsten Unterkünfte. Unglaublich: Während man im regulären Leben immer nervöser wird, je mehr der Empfang nachlässt, weil doch wichtige Leute vergeblich versuchen, einen zu erreichen, ist das hier völlig belanglos. Man wartet geduldig, bis das Mobiltelefon wieder Empfang meldet, um anzurufen, ob man zwei Tage später seine Unterkunft beziehen kann. So unwichtig wird das moderne Leben, dass man einfach nur geht und geht und geht oder – besser gesagt – nur noch »Gehen« ist.

14.08./11.45 Uhr, Wann kommen wir an? Rätselraten über den Ausgang der Pilgerreise: Vorletzter oder letzter Tag? Das ist unsere Unsicherheit. Wir wissen nicht, wo wir heute Nacht schlafen sollen. Die nächste geplante Übernachtungsmöglichkeit können wir vergessen, weil der Gastgeber Urlaub macht. Er hat uns, als wir per Telefon reservieren wollten, nicht viel Hoffnung auf Alternativen gemacht. In Morricone gibt es eben nur diese eine Pension. So gehen wir heute auf etwas unsicheren Pfaden mit bebenden Herzen Richtung Morricone. Möglicherweise können wir ja in einem Agriturismo oder in der Nähe von Monte Libretti noch eine Nacht verbringen, um dann mit dem Zug nach Rom zu fahren. Wir haben uns aber überlegt, die Nacht über im vorgelagerten Fara in Sabina zu bleiben, sofern überhaupt nichts anderes klappen sollte.

31.07./14.20 Uhr, Vom Sinn des Lebens und des Wanderns Ein Stück weit ist das Wandern wie das Leben. Es fängt an und es hört auf und es gibt dazwischen Zeiten und Orte, an denen man sich befindet. Beides hat die wesentliche Eigenschaft, dass nur dann sowohl das Wandern als auch das Leben gelingt, wenn man sich zwischendurch auf den Weg konzentriert. Beim Wandern bringt es dir nichts, wenn du dich auf den Zielpunkt fixierst, du musst dich auf das Gehen, auf das Erleben, auf die Eindrücke konzentrieren, genauso wie im Leben. Wenn man ein Leben nur lebt, um Ziele zu erreichen, vergisst man das Hier und das Jetzt, die Dinge eben, die das Leben wertvoll, einmalig und schön machen. Jeder Tag, jede Stunde, jeder Mensch, jeder Ort benötigt Aufmerksamkeit. Diese Eindrücke färben das Bild, das man vom Leben hat, geben einem Zuversicht und Hilfe. Das Wandern und das Leben, bei beiden ist der Weg das Ziel!

14.08./14.24 Uhr, Rom, wir kommen! Nach der verzweifelten Suche nach einem Geldautomaten in Fara in Sabina und der erfolglosen Herbergssuche wollen wir Fara in Sabina mit dem Bus verlassen. Eigentlich wollten wir im Kloster des Ortes übernachten, jedoch wissen wir bereits aus Erfahrung, dass Klöster keine Kreditkarten annehmen. Da wir die letzten Tage immer wieder mit Bargeld zahlen mussten, reicht es nicht mehr für die Nacht hier. Natürlich ist in diesem Bergdorf kein einziger Automat vorhanden. So lautet unser Plan, in den nächsten größeren Ort zu fahren, Bargeld zu besorgen und dann wieder nach Fara in Sabina zurückzukehren. Wider Erwarten kommt der Bus eine Stunde früher an die

Haltestelle – wir freuen uns darüber. Er bringt uns in das nächstgelegene Nest namens Passo Corese. Der Busfahrer erlässt uns freundlicherweise die Gebühren und wir steigen an der Endhaltestelle Passo Corese Bahnhof aus. Als wir dort ankommen, stellen wir fest, dass dieses Kaff nicht einmal ein Zentrum hat! So ist es wieder nichts mit dem Geldautomaten. Jetzt beschließen wir kurzerhand, die Pilgerreise hier endgültig zu beenden und den Zug nach Rom zu nehmen. Wir reservieren uns per Telefon bei den Klarissinnen in ihrem Kloster in Rom ein Zimmer für fünf Nächte und harren nun der Dinge, die da kommen werden. Mal sehen – Rom ohne Stadtplan? Der Zug fährt vor!

Das Ziel ist erreicht

Roma

Roma

Das Ziel ist erreicht

15.08./15.00 Uhr Von der Einsamkeit des Waldes ausgespuckt in die Hölle des Tourismus. Wir latschen durch Rom und es gibt hier nichts als Touristen. Es scheint, als »blockierten« Millionen und Abermillionen Reisende die Stadt, Sightseeing-Busse verstopfen die Straßen. Außer Touristen gibt es nichts zu sehen, weil sie alle Sehenswürdigkeiten so belagern, dass ich froh bin, einen flüchtigen Eindruck davon zu erhaschen – ein äußerst seltsames Gefühl. Darüber hinaus sehen alle so aus wie wir: Kamera, Landkarten, Rätselraten, wohin der Weg wohl führen mag.

15.08./15.00 Uhr, Rom Innenstadt Den Einzug nach Rom habe ich mir ganz anders vorgestellt. Erstens nicht so abrupt und zweitens viel theatralischer. Ich bin ein bisschen enttäuscht. Aber ich beginne zu verstehen, dass ein Bauwerk, sei es noch so prunkvoll und bombastisch, nicht mithalten kann mit den Schönheiten der Natur – einem uralten Baum, einem gigantisch blauen Himmel, einer Rose oder einem Olivenhain. So ist mir auf dieser Pilgerreise die vom Menschen geschaffene Welt ein bisschen fremd geworden. Rom quillt über vor lauter Reichtum und angesammelter Schätze, die bis ins Altertum reichen. Ich bin schlichtweg überfordert.

17.08./14.00 Uhr, Rom, Spanische Treppe Gleich werde ich Roberto treffen. Roberto ist ein berühmter italienischer Dirigent und Komponist. Er hat mir vor zwei Jahren mein geliebtes altes Cabrio abgekauft. Jetzt stehe ich auf der Spanischen Treppe, starre verzweifelt auf die vielen Touristen und versuche, ihn auszumachen. Da! Jetzt kommt er auf mich zu! Mein Gott, sieht der gut aus …

17.08./18.00 Uhr, Das ist Rom! Das ist Roberto! Nach der Begrüßungszeremonie mit Roberto lädt er uns noch ein, mit seinen Freunden die Stadt zu besichtigen. Maurizio ist Stadtführer aus Leidenschaft. Wir lernen einiges über Roms Innenstadt und amüsieren uns prächtig, weil Roberto so lustig ist. Das ist Rom, wie ich es mir vorgestellt habe: Menschen, Kultur, Freunde. Den Abend runden wir mit einer Pizza im Stadtviertel Trastevere ab. Leider müssen wir den Abend schon früh beenden. Wir wohnen im Kloster, da müssen wir um 22.30 Uhr zu Hause sein.

18.08./12.44 Uhr, Der Lügenaltar Ich stehe vor dem Lügenaltar in der Peterskirche. Ich habe es geschafft. Ich habe alle meine Lügen abgetragen, bin so weit gelaufen, um dieses eine Bild zu betrachten. Ich versinke darin. Ich sehe mich, wie ich am Boden liege, weil ich gelogen habe. Alle sind aufgebracht und schockiert. Aber es ist vorbei. S. tragen sie auf der Trage davon. Ob er auf dem Bild tot ist? Ich weiß es nicht. Ich wünsche ihm Frieden. Ich bin meine Bürde jedenfalls los. Schluss, aus, fertig.

Epilog

»Für Wunder muss man beten, für Veränderungen aber muss man arbeiten.«

Thomas von Aquin

Wir sind nun seit zwei Wochen wieder zurück von unserer Wanderreise, die uns von Assisi nach Rom führte. Was bleibt? Das Erlebnis schwingt nach, man hört die Vögel singen, man sieht den Weg, man spürt die Landschaft, man fühlt die Wärme. Anfangs fiel es uns beiden sehr schwer, uns im Alltag zurechtzufinden, ihm die nötige Aufmerksamkeit zu schenken. Uns fehlt bisweilen heute noch die rechte Konzentration, zum Beispiel beim Autofahren, wo alles so schnell gehen muss. Während des Wanderns denkst du rückwärts, an dein bisheriges Leben, wagst nur kurze Ausblicke in die Zukunft. Ansonsten bist du der Weg und auf dich selbst reduziert. Schritt für Schritt wirst du leerer. Jetzt sind wir ziemlich haltlos und würden gerne sofort erneut aufbrechen. So unglaublich schön waren die Eindrücke, so unheimlich intensiv war das Erlebnis des Wanderns, des Schritt für Schritt Vorankommens, des Zweifelns. Die Natur spüren, eins sein mit dem Leben, sich aufgehoben fühlen – das Wandern ist definitiv der beste Weg, zu sich selbst zu finden und sein Leben neu zu ordnen.

Und erst gestern haben wir gemeinsam beschlossen, eine eventuell erneut aufkeimende Krise bereits im Keim zu ersticken. Dann packen wir wieder unsere Schuhe ein, zurren den Rucksack fest und machen uns wieder auf den Weg. Denn so lassen sich viele Dinge deutlich einfacher lösen, als sich einem permanenten Kampf zu stellen.

Uns hat der Weg zusammengeschweißt. Unsere Beziehung als Paar stand auf der Kippe. Unser Leben war uns fad geworden, wir waren haltlos und teilweise sinnentleert. Der Alltag, die Arbeit, das stete Streben nach Anerkennung, das Geldverdienen – all das hat unsere Ehe zermürbt. Simone wollte nur noch weglaufen, einfach abhauen. Heraus aus der immergleichen Mühle des täglichen Daseins. Hinein in ein Leben mit Spontaneität und weg von Zwängen aller Art. Ein Leben mit einem anderen Partner, um die Liebe neu zu entdecken und zu erfahren.

Viel haben wir gemeinsam gesprochen in den vergangenen Monaten. Aber das allein hat uns nicht wirklich vorwärts

gebracht. Dann kam uns die Idee mit der Pilgerwanderung: 15 Tage – das ist einen Versuch wert. Schuhe und Rucksäcke waren rasch besorgt, der Weg schnell gefunden.
Und es hat funktioniert! Nach vielen Jahren der gemeinsamen Partnerschaft haben wir eine neue Dimension des Lebens erfahren. Unsere Beziehung steht nun auf einem neuen Fundament. Tief und innig war das gemeinsame Pilgern, das Naturerlebnis, das Miteinander.
Was bleibt? Wir haben uns in nur zwei Wochen verändert. Während der Wanderung ist man genügsam, man freut sich der kleinen Momente und vor allem wird man wieder eins mit der Natur. Du spürst die Kälte des Morgens, die Hitze des Mittags, genießt die Frische des Abends nach Sonnenuntergang. Du lobst den Wind für seine Erfrischung. Du lernst den Schatten der Bäume lieben und den Duft der Wiesen. Du siehst so viel, schaust in die Ferne, bist auf Weniges reduziert, auf Weniges konzentriert – und das ist gut so. Wenn wir heute einkaufen gehen, dann fragen wir uns stets: Muss das überhaupt sein, brauchen wir das? Wir wissen jetzt, dass das Leben an sich weniger Dinge bedarf.
Wird man religiös, sobald man wandert? Ich denke, man ist religiös, wenn man sich auf den Weg macht. Religiös sein heißt, nach dem Sinn zu suchen. Und wer wandert, sucht definitiv nach einem Sinn.

Ändert sich das Verständnis von Religion und Gott? Wir denken ja. Unterwegs spürst du eine tiefe Kraft, die mit dir wandert. Du beginnst eine Gelassenheit zu entwickeln, die im »normalen« Leben nicht erreichbar ist. Du wirst eins mit der Natur, siehst wie vieles zusammenhängt, voneinander, miteinander lebt und ohneeinander nicht existieren könnte. Da muss es einfach jemanden geben, der sich darum gekümmert hat, der verantwortlich ist für all das. Man fühlt sich als Teil dieses Bauwerks und wird sehr, sehr zufrieden.

ENDE

Übernachtungsadressen

Die Telefonvorwahl von Italien ist 0039. Aus dem Ausland wählen Sie bitte die Ländervorwahl und dann die vollständige Telefonnummer ohne beginnende »0« der Vorwahl.

1. Assisi
Albergo San Giacomo, Via S. Giacomo 6, 06081 Assisi (PG), Tel. 075 / 8167782.

2. Spello
Albergo Ristorante Alta Villa, Via Mancinelli 2, 06038 Spello (PG), Tel. 0742 / 301515 oder 0742 / 302098, Fax 0742 / 651335, E-Mail: info@hotelaltavilla.com

3. Montefalco
Antonio Frantoio Brizi, Via Verdi 60 / 34, 06036 Montefalco (PG), Tel. 0742 / 379165, E-Mail: frantoiobrizi@libero.it, www.frantoiobrizi.it

4. Spoleto
Emanuela Brizi führt auch die Stadtvilla in Spoleto. Kontakt über die Montefalco-Adresse

5. Patrico
Agriturismo Bartoli, 06049 Patrico di Spoleto (PG), Tel. 0743 / 220058, E-Mail: info.bartoli@yahoo.it, www.agriturismobartoli.it

6. Ferentillo
Agriturismo La Pila, 05034 Le Mura di Ferentillo (TR), Tel. 0744 / 780793, E-Mail: agriturismolapila@tiscalinet.it

7. Don Bosco
Albergo Don Bosco, Località Piano Monte 4, 05030 Polino (TR), Tel. 0744 / 789120, www.argoweb.it / hotel_donbosco

8. Poggio

Bustone Hotel Villa Tizzi, Marisa Mancini und Valentino Previati, 02040 Poggio Bustone (RI), Tel. 0746 / 688956, E-Mail: info@villatizzi.it, www.villatizzi.it

9. Rieti

Grande Albergo Quattro Stagioni Rieti, Piazza Cesare Battisti 14, 02100 Rieti (RI), Tel. 0746 / 271071, Fax 0746 / 271090, E-Mail: info@hotelquattrostagionirieti.it, www. hotelquattrostagionirieti.it

10. Greccio

Albergo Belvedere, Via Parrocchia 1–3, 02040 Greccio (RI), Tel. 0746 / 753096

11. Stroncone

Albergo La Porta del Tempo, Via G. Contessa 22, 05039 Stroncone (TR), Tel. 0744 / 608190, E-Mail: info@portadeltempo.com, www.portadeltempo.com

12. Calvi dell'Umbria

Hotel La Locanda del Francesco, Via Niamense 3a, 05032 Calvi dell'Umbria (TR), Tel. 0744 / 71029

13. Albergo La Pineta

Albergo La Pineta, Bivio Vescovio 69, Torri in Sabina (RI), Tel. 0765 / 608168, Dienstag Ruhetag

14. Poggio Mirteto

Unsere Pension in Poggio Mirteto ist nicht zu empfehlen, darum haben wir nach einer Alternative gesucht: Agriturismo Le Murene, Via Colle Ballone 5, Montopoli di Sabina, Tel. 0765 / 276054, E-Mail: info@agriturismolemurene.it, www.agriturismolemurene.it

15. Farfa

Casa Accoglienza delle suore di Santa Brigida, Via del Monastero 12, 02030 Farfa (RI), Tel. 0765 / 277072 oder 277087, E-Mail: suorefarfa@openaccess.it

16. Roma

Suore Francescane della Croce, Via Fratelli Bandiera 19, Monte Verde Vecchio, 00152 Roma, Tel. 06 / 5899792 oder 06 / 5800594

Zu den Bildern

Vorderer Bildteil

Seite 1 Letztes Foto in der bayerischen Heimat: Aufbruch in Obergriesbach
Seite 2 oben Mit beiden Beinen auf dem Boden bleiben – dank der Wanderschuhe
Seite 2 unten Vor der mächtigen Kulisse Assisis
Seite 3 Die Oberkirche San Francesco in Assisi
Seite 4, 5 und 6 Berg und Tal – in drückender Hitze auf dem Weg von Assisi und Spello
Seite 7 oben In greifbarer Nähe: Spello
Seite 7 unten Immer wieder öffnen sich weite Flächen und geben den Blick auf die Berge frei.
Seite 8 Santa Maria Assunta – der Dom von Spoleto

Hinterer Bildteil

Seite 1 oben Da schlägt das Pilgerherz höher – eine leckere Stärkung zwischendurch
Seite 1 unten Kaum Schatten weit und breit – durch die Hitze nach Ferentillo
Seite 2 Wo Schatten ist, da ist auch Licht: Wir zwei Pilger
Seite 3 Die idyllischen Straßen von Ferentillo
Seite 4 oben Treue Begleiter – Wegweiser an der Strecke
Seite 4 unten Erfrischung zwischendurch
Seite 5 oben Imposant erstreckt sich die Altstadt Poggio Bustone am Hang.
Seite 5 unten Hinterm Horizont geht's weiter – auf dem Weg nach Calvi dell' Umbria
Seite 6 Auch Pilgerschuhe brauchen Pause.
Seite 7 oben Die Kirche bei Vescovio bei Selci
Seite 7 unten Roma – Ankunft am Petersplatz
Seite 8 Vor dem „Lügenaltar" in der Peterskirche

Rebell und Heiliger

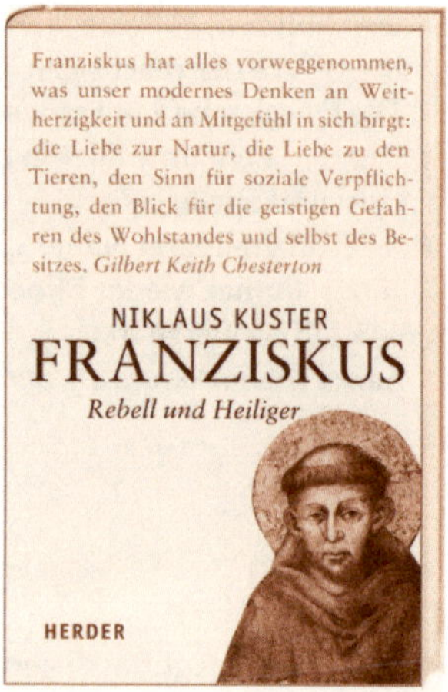

Anschaulich und fundiert zeichnet der Kapuziner Niklaus Kuster das Leben des heiligen Franziskus nach. Zugleich machen die Auslegungen der bekanntesten Schriften von Franz von Assisi die Spiritualität und Kreativität des Heiligen für unsere heutige Zeit fruchtbar. Ausgewählte Bilder verdeutlichen die Botschaft zu radikaler Nachfolge, zu Geschwisterlichkeit und zu geistiger Freiheit noch einmal in besonderer Weise.

Niklaus Kuster
Franziskus
Rebell und Heiliger
240 Seiten | Gebunden mit Schutzumschlag und Leseband
ISBN 978-3-451-30153-7

In jeder Buchhandlung oder unter www.herder.de

HERDER

Lesen ist Leben